EVERTHING I EVER NEEDED
TO KNOW ABOUT **ECONOMICS**
I LEARNED FROM ONLINE DATING

Paul Oyer

オンラインデートで学ぶ経済学

ポール・オイヤー
土方奈美 訳
安藤至大 解説

NTT出版

母に捧げる

オンラインデートで学ぶ経済学─目次

はじめに　3

第1章
手を打つべきタイミングを見きわめる　サーチ理論　7
もっと魅力的な相手を探しつづけるのはどんな人？　12
手を打つべきタイミングをどうやって見きわめるか　16
パートナーは見つかった。家はどうする？　19
失業――労働市場における孤独　21
検索エンジンがサーチコストを下げる　22
歳をとると得をする　25
第1章のおさらい　28

第2章
予防線、ごまかし、そして明らかなウソ　チープトーク　29
ネットではどういうつもりでウソをつく？　32
ひとにぎりのウソつきのせいですべてがぶち壊しになる　33
正直であることの値打ち　36
履歴書とイーベイでのチープトーク　37

テレビ番組に見るチープトーク 40
企業のトークもチープである 43
政治家のチープトーク 47
第2章のおさらい 49

第3章 フェイスブック効果 ネットワーク外部性 51

誰も行かないから、誰も行かない 53
フェイスブック効果 55
すべての製品にネットワーク外部性があるわけではない 56
電話――フェイスブック登場以前のフェイスブック 58
匿名性の価値 60
マッチ・ドットコム＝ショッピングモール、フェイスブック＝パーティ 62
われわれはいかにお互いの邪魔をするか 64
外部性のプラス面 70
第3章のおさらい 72

第4章 言葉を行動で証明する シグナリング 75

シグナルとしての教育 78

シグナリングに効果はあるのか 81

「本当にこの仕事が欲しいのだ」と伝える方法 83

共通願書はシグナリングをぶち壊しにする 89

とはいえ早めに出願すると優れたシグナルとなる 92

シグナリングは高校中退者にも有効 93

初デートで札束に火をつける 96

IPOでお金を燃やす 100

第4章のおさらい 104

第5章 ステレオタイプ 統計的差別 105

統計的差別はどこにでもあり、誰もが影響を受けている 109

法律と法廷は一部の統計的差別を許さない 114

統計的差別は賃金に影響を及ぼす 117

統計的差別はモノの値段にも影響を及ぼす 120

第5章のおさらい 124

第6章
大きな魚か大きな池か
厚い市場と薄い市場 127

厚い市場のほうが良い相手が見つかる 130
厚い市場では専門化が進む 132
厚い市場は競争が激しいとは限らない 135
店を開くべき場所は？ 137
原材料の産地近くに陣取る会社もある 139
市場を厚くするには集団行動が必要な場合も 142
第6章のおさらい 147

第7章
マイナスイメージ
逆淘汰 149

買い手はご用心——中古車を買うときも恋人を選ぶときも 151
私は「レモン」です 152
顧客に対する逆淘汰 155
食べ放題のレストランには特定のタイプのお客が集まる 161

インセンティブ報酬によって逆淘汰が緩和されることも 163
第7章のおさらい 166

第8章 同僚や隣人に同じような人が多いのはなぜ？
正の同類交配 169

大学での交際とその長期的影響 173
正の同類交配のために階層を上がるのは困難に 175
一緒に働くのも似たような人々 176
職場で良いチームをつくる条件とは 181
グループ分けはいつ始めるべきか 185
第8章のおさらい 188

第9章 教育とルックスは報われる
能力への報酬 189

魅力的だと得をする 193
頭が良く学歴が高い人も得をする 197
高学歴は本当に高収入の原因なのか 201
嗜好は変わる。魅力度も変わる 202

（デート市場その他の）スーパースター 204
アメリカは君を必要としている。でも企業は？ 206
結局はコネ 208
第9章のおさらい 210

第10章 家庭での交渉 家族 211

『ビーバーちゃん』の時代と何が変わったのか 212
子供は昔ほど効用を生み出さない 215
家族はどうやって効用を最大化するのか 219
夫も妻も自分のことが一番大事 221
本当に子供を愛しているのは誰？ 222
離婚は（たとえ実現しなくても）重要である 224
同性カップルの経済学 228
なぜいまどきの親はいつまでも子供にまとわりつくのか 229
モダン・ファミリーとは何か 231
第10章のおさらい 232

おわりに 235
謝辞 241
解説 「もっとモテたい」という切実な悩みから経済学を学ぼう――安藤至大 245
原注 266
索引 273

オンラインデートで学ぶ経済学

はじめに

あるさわやかな秋の夕暮れ、私は自宅に近いシリコンバレー中心部にある《カフェ・ボロン》のテラス席で、二〇年ぶりのデートの相手を待っていた。この二〇年でいろいろなことが起きた。たとえばこのカフェを中心に半径四〇キロメートルほどのエリアで働く技術者たちがインターネットを生み出したことで、われわれの生活は劇的に変わった。個人的なところでは、この間に私は経済学者になり、教授として学生の指導や研究にあたるようになった。

デートの相手を待ちながら、自分が今こうしてカフェに座っているのもインターネットが台頭したおかげなのだと考えていた。ネットはフェイスブック、イーベイ、アマゾンを生み出しただけでなく、恋愛市場のあり方まで変えてしまった。一九九〇年代にも「デートサービス（恋人紹介サービス）」は存在したが、あまり良いイメージはなかった。（私を含めて）ほとんどの人がどうにもモテない人間だけが使うサービスだと思っていたのではないか。それがインターネットによってコミユニケーションが格段に容易になったことで、二〇一〇年には多くの人がオンラインデート・サービス（ネット上の恋人紹介サービス）を利用するようになった。

そのとき、こうも思った。オンラインデートは経済学そのものだ、と。それについては前回売り出し中だったときよりも、かなり詳しくなった。インターネットによって経済のあり方が大きく変化したこの二〇年というもの、毎日のように市場の分析に取り組んできたからだ。そんな私が突如として、オンラインデート（ネット婚活）というとびきり興味深い市場に足を踏み入れることになった。結局のところマッチ・ドットコム、イーハーモニー、オーケーキューピッドといったオンラインデート・サイトは、イーベイや大手求人サイトのモンスター・ドットコムと何も変わらない。どのサイトにもユーザーは自分とぴったりの相手を見つけるために集まってくる。

たしかにイーベイで使い古しのボーリング用ボールを売りに出すのと、マッチ・ドットコムで自分を売りに出すのとでは多くの違いがあるが、基本的発想は同じである。ボーリング用ボールの持ち主が自分の望むもの（おそらくおカネ）を手に入れるために、どうやってボールを良く見せようか知恵を絞るのと同じように、マッチ・ドットコムの登録者も自分の望むもの（多くは本気のパートナーを求める人だが、気軽に付き合える相手を求める人もいる）を手に入れるために自分を良く見せなければならない。要は、両者に大した違いはないのだ。

二〇年以上も市場について研究し、それが日々進歩する「情報経済」の中でどのように変化していくかを見守ってきた私は思いがけず、この世に存在する市場の中でも一番魅力的なもの、つまり人生のパートナーを探すという市場に舞い戻ることになった。それまで研究してきた経済理論は、もはや抽象的概念や客観的統計データではなくなった。私自身が市場のプレイヤーとなり、経済学者が研究対象としている概念が実際に私や他のオンラインデート・サイトの参加者の行動をどのように決定づけるかを考えるようになった。

もちろんオンラインデートはとても複雑な市場だ。株式市場や金市場と異なり、取引の対象がモノではないからだ。デート市場に完璧な「代替品」は存在しない。一つひとつの「商品」が違っている。しかもおカネのやり取りもない*。おカネが介在しないためにデート市場はそもそも市場にも見えないが、私は一八年間経済学を学んできたおかげで、どんなところにも経済学の原理が働いているのに気づいてしまう。しかもオンラインデート・サイトほど経済学の要素が詰まっているところはない。

本書を読み終える頃には、みなさんにも今日の情報経済のあらゆるところに経済学が息づいていることをご理解いただけるだろう。これからの10章では経済学に少し興味があるという方々に向けて、経済学の主要な概念、すなわち現代経済のあり方、そして、われわれの日々の暮らしを理解するのに欠かせない概念を説明していくつもりだ。具体的にはサーチ理論、シグナリング、逆淘汰、

＊ 今あなたが何を思ったかはよくわかる。たしかにパートナー探しの市場ではおカネが使われることも多い。ただオンラインデートをしている人のほとんどは売春とは無関係だ。この本では売春については一切触れないので悪しからず。

チープトーク、統計的差別、厚い市場、ネットワーク外部性などだ。こうした概念は日々オンラインデート市場の参加者の行動を決定づけており、各章の冒頭ではこの市場から実例を挙げよう。

私自身の経験を紹介することもあれば（カフェ・ボロンでの初デートをはじめ、その後のデートも多くは失敗に終わったので事例はごまんとあるのだ）、他の人の経験を引用することもある。それに続いて各章では、同じ経済学の概念が他の場面、たとえば労働市場やイーベイ、家を買うときなどにも見られることを説明していく。つまり世界を動かす経済学を、オンラインデートという切り口から学んでいくのだ。

みなさんには本書を通じて、経済学や現代社会について楽しみながら多くを学んでいただきたいと思っている。またみなさんがいつの日か思いがけずオンラインデート・サイトを利用することになったときに、ここで得た知識が多少なりとも役に立てばと願っている。私が誰かの恋愛をお手伝いできるとはとても思えないが、*人生何があるかわからない。

* そうなった場合はぜひ結婚式に呼んでほしい。最近はめっきり招かれる機会が減ってしまったので。

第1章

手を打つべきタイミングを見きわめる

サーチ理論

この世に完璧なパートナー、あるいは「ソウルメート」と言うべき唯一無二の相手がいると信じている人は結構多い。たしかにそうかもしれないが、だったら私のパートナーがインドの奥地などに住んでいないことを祈りたいものだ。相手を私と同じ一九六〇年代生まれで、今も存命で、しかもまだソウルメートを見つけていない人に限るとすれば、おそらく候補者は二億人ほどになるだろう。一日二人ずつ候補者と会ったとしても、二五万年以内にソウルメートと巡り会える確率は五分五分だ。

ソウルメートが見つかるまで、すべての女性と会いつづけるという作戦はうまくいかなそうだ。となると次善の策は何だろう。唯一無二の相手とは出会えないという事実を受け入れて、パートナー探しに費やせる時間と労力を考慮したうえで、「出会える中では最善の相手と出会った」と判断すべきタイミングはいつか。

私の典型的な一日を考えてみよう。この原稿を書いている時点では、まじめに交際している相手はいない。そういう状況で今朝起きたときに「やりたい」と思ったことをいくつかリストアップしてみよう。新たなライフパートナーと巡り会う（少なくとも接触する）、執筆中の学術論文のために分析作業をする、「ニューヨーク・タイムズ」紙のクロスワードパズルを解く、新聞やラジオで最新のニュースに触れる、すごくおいしいモノを食べ、運動し、子供たちと充実した時間を過ごし、犬の散歩をし、ピアノを練習する。やりたいことはまだまだあるが、このあたりでやめておこう。

ここに挙げたことのうち多くを達成するほど、夜、床に就くときには幸せな気持ちになれるだろう。経済学用語を使うと、こうしたことをするほど（あるいは幸運にも予想外の楽しいことがあると）、就寝するときに感じる**効用**は大きくなる。毎日生きているなかで、私は何千という小さな意思決定をする。何を食べようか、練習中のピアノ曲をもう一回弾くべきか、論文を精緻に仕上げるためにもう一度回帰分析をすべきか、それともすでに十分か。一つひとつの意思決定を左右するのは、一番幸せを感じるにはどうすればいいかという私自身の考えだ。

今度は私がパソコンの前に座って、オーケーキューピッドのウェブサイトで女性のプロフィールを眺めたり、サイトがメールで送ってくる「オススメの女性」をチェックしたりしているところを想像してほしい。このような候補者探しや新たな女性との接触、すでに知り合った相手のフォローアップに私は相当な時間をかけている。正直に言うとこんなことはやりたくない。先ほど挙げた

「朝のやりたいことリスト」を思い出してもらえれば、他に時間をかけたいこと（あるいはかけるべきこと）がやまほどあるのはわかっていただけるだろう。それでもコンタクトした相手が人生のパートナーになってくれることの限界効用（追加的）が、他の楽しみに時間を費やすことで得られる限界効用を上回ると思えば、私は新たな候補者のプロフィールをチェックするだろう。

効用は経済学の中でも特に抽象的であり、それでいて直観的にわかりやすい概念の一つだ。ある人がどれだけ幸せなのかを評価する、経済学者流の方法と言える。パートナーと長期間にわたる有意義な関係を築けたら、あるいは初回のデートが成功したら、私は幸せになる。つまり「効用」が高まるのだ。だから私はいずれ自分の効用を高めてくれそうな誰かに出会えることを期待して、オーケーキューピッドのサイトにとどまるのである。

われわれはみな、期待効用（想定される平均的な効用）の最大化につながりそうな意思決定をしている。今、この瞬間もそうだ。あなたは頭の中で、この本を読みつづけるほうが本を閉じて別のことをするより多くの幸せをもたらすだろうかと自問しているはずだ。ここで**想定される**という表現を使ったことに注目してほしい。われわれはどのようなメリットが得られるかがわからない状況でも意思決定をしなければならない。後で後悔するかもしれないが、基本的には現在の意思決定が将来の効用にどのような影響を及ぼすかを考え、最善の選択をしようとする。

経済学のサーチモデルは、目の前の最適な選択肢を受け入れるか、あるいはさらに模索を続けるかという、われわれがしょっちゅう直面するトレードオフを分析する。オンラインデートの世界に置き換えると、あと一人のプロフィールを見ることによって、他のどんな女性もかなわないほど私を幸せにしてくれる人生最高の恋人と出会えるチャンスが多少なりとも生じることが私にはわかっている。そう考えると、あと一人のプロフィールを見ずにはいられない気持ちにさえなる。次にマッチ・ドットコムで出会う女性が最高のパートナーかもしれないのに、おちおちこんな本など書いていられようか。とはいえ、こんな理屈が通らないのは誰だってわかる。完璧な相手を探して無限に時間を注ぎ込むような人はいない。

はっきり言おう。われわれはある時点で手を打つのだ。あなたは認めたくないかもしれない。私はパートナーを心から愛していて、世界一だと思っている、と。まだ恋人募集中の人なら「完璧な」相手を見つけられると思っているかもしれない。でも、きっとそうはならない。夢を壊すつもりはないが、完璧な相手など絶対に見つからない。

たとえ完璧な相手が存在するとしても、その人と巡り会えることはまずない。いずれかの時点で「今のパートナーは本当にすてきだ。探しつづけたらもっと良い相手が見つかるかもしれないが、仕事もしなければいけないし、夕食の支度やピアノの練習などやることは他にもたくさんある。だからこの相手で手を打って新たな人生を踏み出そうじゃないか。もっと悲惨な状況になる可能性だってあるんだし」と自分に言い聞かせることになる（ただし、声に出して言うのは避けたほうがいい）。

現実には、いつ探すのをやめるべきかという意思決定はオンラインデートのプロセスのあらゆる段階で起きている。まず、次の候補者のプロフィールを見ようかどうか、という意思決定。続いてある人と二回目、三回目のデートをしようか、あるいは別の候補者探しに戻ろうかという決断。それから一定期間交際を続けた後には、その相手に絞り込むべきか、同棲し結婚するか、あるいはまた市場に戻って候補者探しからやり直すかという決断を迫られる。最後に、すでに誰かと長期間交際している場合でも、別れてもっと良い相手を探すという選択肢と比べて一緒にいるほうが良いかを常に天秤にかけている。そんなことをいつも意識しているような状況はありがたくないが、誰かと関係を続けている間は、無意識的であっても常に他の選択肢と比べてどうかを考えつづけることになる。

デート市場をそんなふうに分析するのは、経済学者だけではないかと思うかもしれない。本当の市場参加者はそんな行動はとらない、と。だが「ニューヨーカー」誌にオンラインデートについて長いエッセイを書いたニック・ポームガーテンは、目下パートナー探し中という多様なオンラインデート・ユーザーの姿を描いているが、そこで指摘しているのが「トレードアップ（乗り換え）型」、つまり「もっと良い相手が見つかったら今の相手と別れるタイプ」が少なくないという事実だ。「今持っているモノより良いモノがあれば、誰だって試さずにはいられない」とポームガーテンは説明する。★1

ドラマ『セックス・アンド・ザ・シティ』に登場するミランダ・ホッブスも、トレードアップすべきタイミングについてこう言っている。「同棲している彼のパンツにウンチが付いていたの。居心地が良すぎて彼氏がまともにお尻も拭かないようになったら、ロマンスはもうおしまいよ」

もっと魅力的な相手を探しつづけるのはどんな人?

では、どんな人が目の前の相手で手を打ち、どんな人は探しつづけるのか。

経済学的に言うと、なかなか手を打たない層というのは**サーチコスト**が一番低い人々だ。オンラインデートの世界にこの概念を当てはめると、いくつかの解釈がある。一つめは「探すことが好きな人(少なくとも嫌いではない人)」だ。ショッピングカタログを眺めたり、店やモールで商品を見て歩いたり、週末に骨董品店めぐりをするのと同じように、オンラインデート・サイトを眺めるのを楽しむ。このタイプの人々にとっては、手を打つ理由などない。探すこと自体に大きすぎるほどの効用があるのだ。

ポームガーテンもこのタイプを少なくとも数人見つけており、「彼らにとってはインターネット・デートそのものが楽しみで、それ自体が目的となりうる」と説明している。ただ私はこのタイプではない。オンラインデート・サイトを眺めているのは好きではないし、すでに書いたとおり他にやりたいことはやまほどある。

ここから浮かび上がるのが、手を打たない層の二つめの類型「オンラインデート・サイトを見る以外にすることのない人」だ。他の条件がすべて同じならば、趣味もなく魅力的な仕事もなく、ヒマをもてあましてぶらぶらしていることが多い人なら、完璧な相手が見つかるまで探しつづけるだろう。ただここで重要なのが「他の条件がすべて同じならば」というくだりだ。

今描写した人物の選り好みが激しいのは他にすることがないからだが、この理由そのもの（「他にすることがない」）が異性への魅力を減じる要因になっている。つまり完璧な相手を探す以外にすることのない人は、相手を探しつづけようとするものの、選択肢は限られているのである。このケースでは、ある人物が「その方が得だから」とパートナー探しを続ける要因（経済用語で言うと「時間コストが低いこと」）こそが、その人物の魅力を減じている可能性が高く、だからこそ探しつづけるしかない状況になっている。この**逆淘汰**という概念については第7章でさらに詳しく述べる。

他にすることがない、あるいは探すこと自体が楽しみになっている人がなかなか手を打たないのは、彼らにとって探すことにコストがかからないからだ。ただコストはかかっても、探しつづけることのメリットが十分大きいと感じれば、やはり簡単には手を打たないだろう。つまり探しつづけることによって、より良い相手と巡り会える可能性が高いと信じる人は、なかなか手を打たない。

では、相手を乗り換えることによって最も恩恵を受けるのはどんな人か。簡単に言えば、選り好みをする人だ。たとえば私が単にそばにいてくれる人を求めているなら、つまり「ただいま」と言ったら迎えてくれて一緒に時間を過ごしてくれる人がいれば十分と思っているなら、デートをして相手のほうからフラれなければそのままさっさと手を打てばいい。他の候補者でもさして変わらないのなら乗り換えを目指す必要があるだろうか？

とはいえ、普通の人と比べて自分の選り好みが激しいかどうかはわからないが、やはり私にも具体的な好みはある。たとえば私のジョークにとんでもなくウケてくれる人。これはとても重要な条件だ。相手が私のジョークで笑ってくれるかどうかは、オンラインのプロフィールからはわからない。最初のデートでもダメだろう。見きわめるには相手をよく知る必要がある。同僚や友人や昔の恋人や女友達との膨大な交流を通じて、平均的な人間が私のジョークにどれだけウケてくれるか（はっきり言ってあまりウケない）、大ウケしてくれる人の割合がどの程度か（少ない）はわかっている。私のジョークを楽しむことにかけては人後に落ちない女性を引き当てるには、相当な数の相手を試さなければならないこともわかっている。そのような女性を見つけるには時間がかかるだろうし、たいていのデートは失敗に終わってまた探しつづける羽目になることも覚悟している。

これだけでも条件は十分悪いが、私の冗談に笑ってくれるだけでなくパートナーにもたくさんジョークを言ってもらいたいし、最近の政治の話題について興味深く率直な議論ができ、私と同じタイプの映画を楽しんでもらいたい。それにもちろん、私にはティーンエイジャーの子供たちや素行の悪い大型犬と過ごす時間がたっぷり必要なことも理解してもらわないと困る。世の独身女性のうち、これらすべての条件で高得点を取れる人の割合はおそろしく低いはずだ。オーケーキューピッドで出会った人と何度かデートを繰り返しても、すべての条件で高得点となる確率もまたきわめて低いだろう。

しかし世の中には、私よりはるかに選り好みの激しい人がいるようだ。中国のある女子大学院生は、オンラインデート・サイトのプロフィールに自分の求める男性の条件を列挙している。「結婚歴なし。修士号以上。武漢出身者と地方のＩＤカード保持者不可。一人っ子、喫煙者、アルコール中毒、ギャンブルをする人は不可。身長一七二センチ以上、結婚前に一年以上交際すること、スポーツが好き、両親が離婚していない、年収五万元以上、二六〜三二歳まで、週四日は自宅で夕食をとると約束できること、少なくとも二人の女性と交際したことがあるが、五人以上は不可。おとめ座とやぎ座は不可」[★2]。この女子大学院生と二八歳のときに出会えなかったのはとても残念だ。そのころなら基準をクリアしていたのだが（一つだけささやかな違反があるが、それについては後で述べよう）。

私がある女性と何回かデートをして相性も良いことがわかったにもかかわらず、先ほど述べた基準をすべて満たしていなかったらどうしたものか。たとえば彼女がホラー映画好きだったら？　あるいは先に挙げた中国人女性が巡り会った相手が身長一七一センチだったらどうか。おとめ座だったら？　その場合さっさと見切りをつけて、また最初からやり直すべきだろうか。

もちろん、欠けている条件が全体的な幸福感にどれだけ影響するかと、最初からやり直すのにかかる時間を比べた結果次第で、答えは変わってくるだろう。寛容な人間のほうが得だ。中国人の女子学生や私がいずれかの基準を下げれば、早く身を固めることができ、追加的なサーチコストの発生を避けられる。

この論理から、特定の相手で手を打たず探しつづける可能性が高い人の類型がもう一つ浮かび上がる。「忍耐強い人」だ。二人の男性（ここではブライアンとカールと呼ぼう）が恋人を探しているとする。この二人は、カールがとにかく忍耐強いということを除くと、他のあらゆる条件が等しい。カールは将来のことをじっくり考え、長期的な視点で人生の計画を立てようとするので、ブライアンより貯金も多い。一方、ブライアンはお金があればすてきなクルマにしこたま注ぎ込むタイプだ。

カールのような人は、人生のパートナーを選ぶときも選り好みをする可能性が高い。ブライアンはたとえ残りの人生を理想には及ばないパートナーと過ごすことになっても、目先の探しつづける手間（そして探している間の孤独感）を避けようとする。カールは忍耐強いため、選り好みをしようとする。運が良ければ、いずれより良い相手と巡り会うという恩恵をもたらすかもしれないが、当面は孤独という代償を支払うことになる。

私と選り好みの激しい中国人女子学生の話に戻ろう。自分のすべての基準を満たさない相手で手を打つインセンティブは私のほうが高いと言える。私のほうが少し年上で、次のパートナーと過ごす時間は少ないのだから、彼女ほど気長に待つ余裕はない。少なくとも中国人の女子学生と比べれば、大切にすべき将来そのものが短いのだから将来より現在を重視したほうがいい。

手を打つべきタイミングをどうやって見きわめるか

経済学者は一般的に、あらゆる人は手を打つべきタイミングについて、入手できる情報にもとづいてできるかぎり最高の意思決定をすると考える。もちろん早く手を打ちすぎたり（その結果、離婚したり）、あるいは手を打つのが遅すぎたり（その結果、結婚するチャンスがあったのに当時のパートナーと手を打たなかったことを嘆きながら孤独に歳を重ねたり）と、判断を誤る人もいる。ただ少なくとも一人ひとりがその時点で効用の最大化に最善を尽くせば、たいていの人は遅かれ早かれ良い相手と結ばれると考えるのだ。

一方、経済学的なモノの見方をしない人の中には、世の中には効用最大化が不得手な人が多いという声もある。つまり手を打つべきタイミングで打とうとせず、その結果独身のままで子供を持つ機会を逸する人が多いというのだ。このカテゴリーに含まれるのは、生物学的タイムリミットが近づいているものの、家族を持つためだけに男性に対する基準を引き下げるのは嫌だという女性であることが多い。

「世の中の女性は効用を最大化する方法がわかっていない」と主張する陣営の一人が、作家のロリ・ゴットリープだ（こういう表現は使わないと思うが）[★3]。ゴットリープはこう書いている。「この問題に対する私のアドバイスは『とにかく手を打ちなさい！』。これに尽きるわ。情熱とか強い絆なんてどうでもいい。（中略）私が見るかぎり、さっさと身を固めたほうが長期的には幸せになれる」。誠実さ、優しさ、寛容さ、価値観の一致といった本当に大切な要素については絶対に譲らず、それ以外はこだわりを捨てるべきだ、とゴットリープは説く。恋人募集中の私としては「まさにそのとおり！　よくぞ言ってくれた」というところだ。しかし経済学者としては、彼女のアドバイスの最後の一文をこう書き換えたい。「世の女性は、独身でいることによる効用の減少を過小評価しており、自分の基準に満たないように思える男性で手を打つほうが生涯効用を増大させることができる」と。

ゴットリープは映画『ブロードキャスト・ニュース』でホリー・ハンターが演じたジェーンという人物を引き合いに出して、こう問いかける。ジェーンはいつか「頭が良くて楽しくて優しいアーロン」（演じたのはアルバート・ブルックス）をふったことを後悔するだろうか、と。「ジェーンは心からアーロンを愛しているけれど、ときめきは感じていない」。そして「ハンサムだが薄っぺらなトム」（ウィリアム・ハートが演じた）に惹かれている。

経済学者なら、ジェーンは一貫して合理的な選択をしており、最終的に恋愛人生がどんな結末を迎えようともアーロンをふったほうが幸せだったと確信する十分な根拠があると考える。一方、ゴットリープは、ジェーンの決断が正しかったと考える根拠は一つもなく、少なくとも普通の女性にとってはさっさとアーロンと結婚するほうが良い選択だったはずだ、と指摘する。おそらく「おとめ座は嫌だ」と言っていた中国人女子学生にも、要求事項をばっさり減らせと勧めるのではないか。「女性は効用を最大化する方法をちゃんとわかっている」という陣営（これもまたこういう表現は使わないだろうが）に与し、ゴットリープの見解に異を唱える人も多い。オンラインデート・サイト、プレンティ・オブ・フィッシュのフォーラムのあるユーザーは「身体にいいから無理してサラダを食べるのはかまわないわ。でも二〇年間、負け犬と会話を続けるなんて無理よ」と書いた。別のユーザーは、ゴットリープは他人に効用の増やし方を指南するのをやめ、自分の効用最大化のことだけを考えていればいい、と言う。「女性にプライベートや働き方を指南する記事にはうんざり。心に秘めた安定への欲求を偉そうに説くのはやめて、本音を語ればいいのに」★4

私は読者のみなさんに、身を固めるべきか、またそのタイミングはいつかを説くつもりはない。効用最大化はみなさん自身にお任せしよう。女性はさっさと身を固めるべきだと説いたゴットリープは正しいのかもしれないし、間違っているのかもしれない。ただ選り好みの激しい人が多いか否かは別として、パートナー探しについて（パートナーに限らず、たいていのモノを探すときに当てはまるが）一つだけ確かなことがある。あなたが合理的な人間であるかどうかにかかわらず、サーチ理論によると、手にしていたチャンスを見送ったことを将来後悔する可能性は厳然として存在する。

パートナーは見つかった。家はどうする？

まったく同じロジックが家を買うプロセスにも当てはまる。が、一つだけ、重要な違いがある。私が眺めのいい、寝室が四つにバスルームが二つ、しかも職場から八キロメートル以内にあるモダンな家を探しているとしよう。おまけに手先が器用なほうではないので、すぐに使える状態でなければ困る。こうしてオープンハウスをまわったり、インターネットの不動産サイトで物件を検索したりする（すでに書いたとおり、このロジックはパートナー探しと似ているのだ）。不動産業者にめぼしい物件をいくつか見せてもらったりするかもしれない。まもなくたくさんの物件を見て、どれもかなり良いと思う。しかし、私の求める条件をすべて満たす物件は一つもない。まだ探しつづけるべきだろうか。別の物件を見に行くコストはばかにならない。現地まで車で出向かないといけないし、そのために他のことができなくなる。でも……次の家こそ私が探し求めていたものかもしれない。

　私が特定の家で手を打つか否かを決定する要因は、特定のパートナーと身を固めるときのそれと同じだ。もし私が家を見るのが好きな人間なら、また週末に家を見に行くよりほかにすることのない人間なら、あるいはとにかく選り好みが激しい人間（他の条件が完璧でも気に入らないタイルが貼ってあったらそれだけで拒絶するくらい）なら、完璧な家が見つかるまで探しつづけるだろう。

　とはいえ最初に書いたとおり、家探しとパートナー探しには大きな違いがある。家が私を愛してくれるかは関係ない、つまり家のほうに私を選んでもらう必要はない。十分なおカネさえあれば家は手に入るが、人生のパートナーは相手も私を選んでくれないと手に入らない。この違いは交際期間中の私のこまごまとした行動に多大な影響を与える。たとえばデートのときには家探しに行くときよりおしゃれな服装で出かける。ただそれ以上に大きな影響を与えるのは、手を打つタイミングの判断だ。

　人生のパートナーを選ぶときには、居並ぶ候補の中で最高の選択肢を手に入れられるわけではない。私を選んでくれる女性の中で最高の人を選べるだけだ。この意味では、オンラインデートは家探しよりも職探しに近いと言える。

失業――労働市場における孤独

職探しと人生のパートナー探しには、驚くほど共通点が多い。どちらにおいても、両サイドが探すというプロセスに従事しており、それぞれすべての選択肢を検討している。「市場」に参加する両サイドとも（職探しの場合は雇用主と従業員）、相手を探すのはコストがかかることを理解していると同時に、探し続ければもっと良い候補が見つかるかもしれないこともわかっている。だから職探しをする人は、パートナー探しをする人と同じように、なかなか手を打とうとしない。そしてどちらの場合も、選り好みが激しすぎると相当なペナルティを受けることになる。人生のパートナー探しでなかなか手を打たない人は孤独な人生を送ることになる。そしてなかなか手を打たない求職者は失業者となる。

この重要な論点（あと少しだけ粘ればもっと良い仕事のオファーが来る可能性）については、膨大な経済学的研究がなされている。最も精力的に研究してきたのがデール・モーテンセンとクリストファー・ピサリデスで、サーチコストと労働市場についての先駆的研究によってノーベル賞を受賞している。両氏の受賞を発表する際、ノーベル賞委員会はこう述べた。「サーチプロセスには時間とリソース（人手やおカネ）がかかるため、市場に摩擦が生じる。そのようなサーチ市場においては、一部の買い手の需要が満たされない一方、一部の売り手が望むほど売ることができない。労働市場

には人手不足と失業が同時に存在する」[★5]

つまるところ、私たちをオンラインデートにいざない、また理想に満たない相手で手を打たせる最大の不安、すなわち孤独とは、ロマンスの世界における失業にほかならない。サーチ活動に伴う摩擦によって労働市場のマッチングプロセスに遅れが出て、失業や不完全就業になる人が出てくる。パートナー探しでも、同様のサーチ活動に伴う摩擦が人々を孤独に追いやる。真にすばらしいパートナーが存在するかもしれないが、どうやってお互いを探し当てたらよいのかわからないからだ。

検索エンジンがサーチコストを下げる

グーグルの検索やGメールを使うと、検索やメールの内容に応じた広告が表示される。この検索連動広告によってグーグルはしこたま利益を得ている。広告主とその製品に興味を持つ消費者を結び付けるのに検索連動広告が有効であることが証明されたからだ。この事業そのものが、サーチコストの重要性に立脚している。サーチコストとは検索エンジンのコストではない。あなたが何かを探すためのコストだ。

私もときどき人生のパートナー探しの手を休めて、もっと当たり前のモノを探すことがある。たとえば最近では、およそ料理上手とは言えない私の味方になってくれそうな焦げつかない深底鍋を探した。グーグルに「焦げつかない深底鍋」と入力すると、グーグルの検索アルゴリズムによってずらりとリンクが並ぶ。それに加えてウェブページの一番上にはスポンサー広告が三本、ページ右側にも複数の関連広告が表示される。それをクリックすれば、クリック数に応じてグーグルに広告料を支払っているウェブサイトにたどり着くわけだ。どの会社のスポンサー広告が表示されるかはオークションで決まる。広告料として一番高い金額を入札した会社が、誰よりも先に私に焦げつかない深底鍋を売り込む権利を得るわけだ。

なぜウェブページの一番上の広告となるために余計なお金を払うのか。少し入札金額を抑えて、二番目のリンクになるのがなぜいけないのか。それは大方の人は私と同じように、昼休みをそっくり焦げない深底鍋探しに充てたいとは思わないからだ。だから一番上の広告をクリックする可能性が高い。それだけの話だ。一番上の広告のほうが他と比べて目立つし、クリックするのも楽なので、それをクリックする可能性が高い。要するにサーチ理論によると、私は（他の消費者も同じだが）怠け者であり、スポンサーリンクに入札する企業は私が怠け者であることにつけ込むために高いお金を払うのである。

インターネット上のサーチコストはたしかに重要だが、一番上の広告になるのと二番目の広告になる場合の対価の違いは、それほど大きくはない。インターネットによって消費者のサーチコストは劇的に低下し、短時間のうちに複数のスポンサーリンクをクリックして比較購買するのが容易になった。たとえばウィリアム・ソノマとクレート&バレルの焦げない鍋を見比べるなど朝飯前だ。

しかし物理的な世界での買い物では、商品を比較するには複数の店を車でまわったり（少なくとも電話をかけたり）する必要があり、サーチコストははるかに高くなる。

経済学者のアラン・ソレンセンは、地域の薬局で販売している医薬品の市場におけるサーチコストの重要性を示した。[★6] ソレンセンの分析は長期間毎日服用する糖尿病薬を買うときと、比較的短期間しか服用しない風邪薬を買うときのわれわれの行動は大きく異なるという事実にもとづいている。新たな恋人探しにおいては、例の若い中国人女性のほうが私よりはるかに選り好みできるのと同じように、糖尿病薬の購入者は風邪薬の購入者と比べて、さまざまな薬局を見比べて最もお得な価格で売っている薬局を探すことによるメリットがはるかに大きい。

この事実は薬局が二つの薬の価格を決めるときにどのような意味を持つのか。薬局の店主には、消費者が比較購買するはずなので糖尿病薬の価格をあまり高くできないことがわかっている。しかし風邪薬としての抗生物質については「たとえ高い価格に設定しても、たいていの消費者はさっさと買ってしまって気づかないだろう」と思うかもしれない。もちろん、どんな薬でも時間が許すかぎり店をまわって値段を比較する消費者は必ずいるので、とんでもない値段はつけられない。法外な価格をつけると、暴利をむさぼる薬局という悪評がついてしまう。

ただ全体としては、**利幅**（薬局の仕入れ値と消費者の支払う価格の差）は糖尿病薬より風邪薬のほうが大きいだろう。また風邪薬の価格戦略は、薬局によって違うだろう。高めに設定する店もあれば、購入頻度の低い薬についても比較購買する客を意識して値段をつける店もあるはずだ。一方、多くの患者が購入前に店頭価格を見比べる糖尿病薬の場合、価格はほとんどの店で大差ないはずだ。

ソレンセンはサーチコストの重要性を確かめるため、薬局に特定の処方薬の価格の公開を義務づけるニューヨーク州の制度を利用した。ニューヨーク北部の薬局をまわり、店頭に掲示されている価格を書き留めたのだ（当然、薬局の従業員には奇異な目で見られたが）。当然ながら、糖尿病薬のような購入頻度の高い薬と比べて、風邪薬など購入頻度の低い薬の利益率は明らかに高いことが確認された。

たいていの薬局は、病気になった人がそのときしか買わない薬の価格を多少高くしても大丈夫だとわかっていた。さらにソレンセンは、患者が比較購買しがちな薬のほうが、薬局間の価格差が小さいことも突き止めた。糖尿病薬の価格は、どの薬局でもほぼ同じだった。薬局は相場からかけ離れた価格にすると売れないことをわかっていたのだ。

歳をとると得をする

定期的に、そして繰り返し購入するモノについては比較購買するインセンティブが高くなるのと同じように、人生のステージが変わると一番お得な店を慎重に探そうとするインセンティブも変わる。歳をとって退職すると、お得な店を探す時間的余裕が増えるというのはその典型だ。

仮に、二人のティーンエイジャーを抱え、翌日には大学で教えたことのない授業を二コマ教えなければならず、しかも書きかけの本の編集者にはまだ着手してもいない章の草稿を近々見せると約束してしまったどこかのシングルファーザーの例を考えてみよう。ある晩、子供たちに食事を与え、送り迎えをするために自宅に戻る途中、ガソリンがなくなりそうなことに気づいた。そんなとき、ガソリンスタンドの前を通りかかる。最近、ガソリン価格についてあまり考えたことはなかったが、そのスタンドの価格は高いと感じ、あと数キロ走った先の別のスタンドなら数ドル節約できるだろうと思う。

続いて、同じシングルファーザーの一〇年後あるいは二〇年後を考えてみよう。子供たちはもう同居しておらず（少なくともそう望みたいところだ）、本を書かなければというプレッシャーもあまり感じていない。大学はすでに退職したか、教えているにしてもすでに何度も同じ講義をしているのであまり準備に時間をかける必要はない。そんなときにガソリンスタンドに差し掛かり、また同じことを考えたとする。価格はちょっと高すぎるし、数キロ走ればもっと安いスタンドがありそうだ、と。

どちらのほうが別のガソリンスタンドまで行く可能性が高いだろうか。もちろん歳をとったときである。時間の価値は低くなり、数ドル節約するために時間をかけても失うものは少ない。経済学者のマーク・アグイアーとエリック・ハーストは、年齢によるサーチコストの変化を入念に調べ、買い物パターンが大きく変化することを明らかにした。[★7] ありふれた製品に支払う価格は中年期の末までほぼ一定だが、その後は急激かつ大幅に下落することを示したのだ。四十代後半の人は近隣に住む六十代後半の人と比べて、同じ製品に対して平均四%余計に払っていた。

アグイアーとハーストは年配者の節約の一部は（割引券、会員券などによる）値引きによるものであることを示したが、それもお得な店探しの一形態と言える。さらに二人が明らかにしたのは、購入価格の違いが生じるもう一つの要因が、年配者のほうが若い世代と比べて買い物に費やす時間がはるかに多いためであることだ。ご心配なく、二人の研究者は実際に大勢の人を追いかけまわし、買い物時間を記録したわけではない。数千人の被験者が決められた二四時間の行動をすべて記録する「アメリカ人の時間使用に関する調査」のデータを使ったのだ。

アグイアーとハーストは、六五〜七四歳の人は四五〜四九歳の人と比べて買い物に費やす時間が三分の一多く、二五〜二九歳の人と比べると五〇％も多いことを突き止めた。

もちろんアグイアーとハーストが今研究をやり直したら、結論は変わってくるかもしれない。二人が使ったのはインターネットが広く普及する以前（そして明らかに年配者がインターネットを使いはじめる前）の、一九九〇年代半ばに集められたデータだ。今日のデータを見たら、ひょっとすると多くの年配者（特に寡婦と男やもめ）は熟年向けのシニアフレンドファインダー・ドットコムの閲覧に忙しく、お得な店探しにかける時間がないのではないか。買い物などよりもっと別の方法で、期待される効用を高めるのに夢中になっているかもしれない。

第1章のおさらい

「サーチ理論」とは……

目の前の最適な選択肢を受け入れるか、あるいはさらに模索を続けるか。われわれが直面するトレードオフを分析するのが経済学のサーチモデルだ。

経済学の大切な教え

サーチという活動にはコストがかかるため、求めているものがどこかにあっても、見つけられないことも多い。その結果、とても条件が良く魅力のある人が大勢独身のままであったり、潜在能力の高い人が失業していたり、とてもすてきな家が売れずに放置されたりする。

「サーチコスト」を研究する経済学者による実証研究の貴重な成果

小売業者は消費者が頻繁に購入しないモノに高い値段をつけやすい。一般的な製品の価格設定に関しては市場の力によって競争原理が働くと期待できるが、当別なモノを買うときに割高な値段を払いたくなければ、比較購買したほうがいい。

「サーチ理論」の観点から言うと、恋人探しは……

家探し、職探し、ガソリンがなくなりそうなときのスタンド選びに通じるところが多い。

恋愛に関するアドバイス

ある段階で探すのをやめ、スティーブン・スティルスの言うように「今一緒にいる相手を愛そう」。

第2章 チープトーク

予防線、ごまかし、そして明らかなウソ

「本物かどうか、どうすればわかるの？　ウソつきだって同じことは言える。聞いたことは全部ムダ。ラブレターを一〇〇通もらったって、本物は一つもない」

——パティ・グリフィンの「クリスティーナ」より

「これは履歴書を書くのと同じね。できるだけ正直に、でも正直すぎずに（笑）」

——ある女性がオーケーキューピッドに書いた自己紹介文

マッチ・ドットコムでプロフィールを作成するとき、私はできるかぎり真実を語ろうとし、ほぼ成功したと思う。たとえばティーンエイジャーの子供がいることや、かわいいがいたずら好きなゴールデン・レトリバーを飼っていることも正直に書いた。

しかし「おもしろいと思うこと」の欄に、子供たちから教えてもらったユーチューブの動画を書

くのはやめておいた。また喫煙の頻度についての質問には、カッコよく見せたいという不毛な努力の一環としてときどき吸ってしまうにもかかわらず、「ゼロ」をチェックしてしまった。

正直に認めよう。私はウソをついたのだ。

デートサイトのプロフィールでまったく自らを飾らず、真実をすべてつまびらかにする人もいる。その一方で、マッチ・ドットコムのプロフィールを見ると私のウソなどかわいいものだと思えるような事例もある（太りすぎなのに「体格が良くてたくましい」とか、皮肉屋のクセに「人生に対して前向きです」と書いている人を見つけるたびに五セントずつ徴収していたら、たちまち大金持ちだ）。少しばかり自分を飾りたいという誘惑をまったく感じない人はいない。私の知り合いのとてもすてきな七二歳の未亡人は、マッチ・ドットコムのプロフィールに「六九歳」と書いている。

とはいえ、私がプロフィールの一部の項目については正直に語り、他の項目についてはウソをつくのはなぜか。そしてオンラインデートのユーザーの中に、模範的な真実の語り手がいるのはなぜなのか。

その答えは、ゲーム理論の中でも**チープトーク**と呼ばれる分野の研究に見いだすことができる。チープトークの思考的枠組とは、私の好みと私が振り向かせたいと思っている女性たちの好みの潜在的食い違いを検討し、特定の状況で情報を隠す、あるいは真っ赤なウソをつくほうが良いか否かを分析するためのものだ。私に関する事実と、私が出会いたいと思っている女性たちが魅力を感じそうな事実とはたいていい一致するため、プロフィールの調査票のほとんどについてはさっさと、そして詳しく記入することができた。

ただときとして正直な回答と、私が魅力的に見せたいと思う女性たちが魅力を感じそうな状態とが食い違うこともある。**ゲーム理論**はこれをつまるところ効用の問題と見る。私がどの程度誠実かつ正直であるかは、私が相手に何を求めているか、出会いたい女性たちが何を求めていると私が思っているのか、そしてウソをつくことに伴うコストによって決まる。

ゲーム理論では多くの場合、一方が勝てば他方が負ける状況を扱う。そういうときこそ戦略が必要になる。ただ「協力ゲーム理論」は、双方の利害が完全に一致しているときに何が起こるかをモデル化する。[★1] たとえばオンラインデートなら、二人のユーザーがともに長期的なパートナーを探しているようなときなどだ。オンラインデートで協力モデルを完璧に機能させるには、誰も何も隠し事をせず、登録者はみなできるかぎりの情報を開示することが必要だ。すなわち私にとって最も魅力的な女性たちは、私がどこまでも正直に作成した情報満載のオンライン・プロフィールに最も魅力を感じる女性たちと完全に一致する。

とはいえ、われわれはみな、ありのままの自分を愛してほしいと思うものの、現実はそれほど単純ではない。私とある女性がお互いに魅力を感じても、同時に彼女が私のお気に入りのインターネット動画を死ぬほどつまらないと思うこともあるし、タバコを吸う人とは絶対に付き合えないと思うこともあるかもしれない。私がお気に入りのビデオやときどきタバコを吸うという事実をプロフィールに書いたら、この女性はそもそも私と会おうとすらしないだろう。

そこで私は思い切った決断を下すことになる。大方の人と同じように、こうした些末な事実を隠すのである。親密な交際が始まった後にこうした事実が発覚しても、このような小さな好ましくない属性は全体的なパッケージの一部として許容してもらえるだろうという理屈の下に。そして自分自身と相手の女性の両方のためになることをしているのだ、という理屈でささやかなウソを正当化するのである。これが協力ゲーム理論だ。われわれの利害は一致しており、私はいくつかのマイナーなハードルを取り除いただけである。★2

ネットではどういうつもりでウソをつく？

すでに書いたとおり、私は経験からデートサイトのプロフィールを書くときには外見や人生に対する前向きさについてウソをつく人が多いことを知っている。しかもこの経験は決して珍しいものではないようで、デートサイトではウソが蔓延していることを示す研究もある。

ジェフリー・ハンコック、カタリーナ・トマ、ニコル・エリソンは、オンラインデート・サイトのプロフィールの情報が真実か確認するため、それを書いた人々に連絡を取った。★3その結果、ほとんどの男性が身長を高く偽っており、また男女を問わずほとんどの人が体重を過少申告しており、全体の二割が年齢を詐称していることがわかった。ただウソの度合いは比較的軽く、平均的な身長の詐称幅は一インチ（二・五四センチ）、体重は五ポンド（二・三キロ）、年齢は一〜二歳だった。大胆なウソをついていたのはごく少数だ。明らかなウソは最初のデートで簡単にバレてしまうことを思えば当然と言えるだろう。

オーケーキューピッドのブログは、デートサイトのプロフィールにどの程度ウソが含まれているかについて、さらに多くの証拠を示している。そこには男性が記載する身長の平均はアメリカ男性の平均身長と比べて不自然に高く、また「六フィート（約一八三センチ）ちょうど」と記入する人の数も不自然に多かった。同じように、人々がサイトに書き込んだ年収も疑わしかった。一〇万ドルの年収を得ている人の数は妥当な数の四倍もいたのだ。そのうえ、実際の姿より魅力的に見えそうな古い写真を投稿する人も多いことがわかった。具体的に言えば、彼らが到達したきわめて合理的な結論とは、「セクシーな写真の多くは、普段の姿ではなく、昔のものであることがはるかに多かった」である。

ひとにぎりのウソつきのせいですべてがぶち壊しになる

ネットで実際より若く、背が高く、魅力的であると自らを偽る人々は、いったいどういうつもりなのか。

極端な（空想上の）ケースを思い描いてみよう。ロジャーは魅力的ではなく不愉快なヤツで、しかも失業中なのに、スーパーモデルとデートをしたいと思っている。おそらくスーパーモデルは例外なく、ロジャーよりも成功していて魅力的な男性を好むだろう。ロジャーはマッチ・ドットコムにどこまでも正直なプロフィールを載せるわけにはいかない。そんなことをすれば魅力を感じてもらいたいと思っている女性たちは、彼に連絡をとったり、彼から連絡した場合に色よい返事をくれないだろう。

だからロジャーはまったく事実とは異なる自己描写を創りあげる。自分は金持ちで一緒にいるととても楽しい人間だと書き、自分ではなく男性モデルの写真を載せるのである。

しかしこのような作戦を考えられるだけの知力のある人間なら、すぐに絶対にうまくいかないことを悟る。実際にロジャーがスーパーモデルと対面したら、即座にデートを打ち切られるだろう（アイフォンには「フェイク・ア・コール」という、こんな状況に直面したオンラインデート・ユーザーにぴったりのアプリがある）。こうしてロジャーは、プロフィールにウソを書いてもスーパーモデルとデートはできないことを受け入れざるを得なくなる。代わりに理想よりは劣る女性と手を打つ。それでも手を打てる中では一番良い相手を手に入れようとするだろう。

そうなるとかなり興味深い問題に直面することになる。デートを受けてくれた女性がこぞって顔を合わせたとたんに帰ってしまうほどあからさまなウソはつかずに、どうやって自分を魅力的に見せるか、だ。なかなか微妙なバランスだが、最終的には自分にふさわしい相手の中で最も魅力的な女性が、出会ったとたんに店を出て行かないようにするにはどの程度のウソなら許されるのか、見きわめなければならない。

残念ながらロジャーはウソをつく。そしてロジャーのような人々のつくウソは、真実を語りたいと思っている人々にも重大な弊害をもたらす。ロジャーのような手合いのつくウソのために、誰もがプロフィールに書いてある内容をチープトークとして割り引いて見るようになるからだ。

たとえばマッチ・ドットコムに「体格が良くてたくましい」と書く人の多くが、「ぽっちゃり」のカテゴリーに近いことは周知の事実だ。なぜウソをつくのか。それはロジャーのようにプロフィールの内容をインフレ気味にする人がいるので、「ぽっちゃり」と正直に申告する人が実際にはかなり太っていると思われてしまうためだ。誰もが問題を他人のせいにして、自分のウソを正当化する。自分以外の「ぽっちゃり」がみんな「体格が良くてたくましい」と書いたら、世の女性（男性）たちは私のことを本当に太っていると思うだろう。そうしたらデート候補が「本当に太っている人でもかまわない」と思ってくれる少数派に限られてしまう、と。

こうなると正直者は難しい立場に置かれる。常に真実を語ろうとすると（そのうえデートをしてくれそうな相手にあらゆる情報を正直に打ち明けてしまうと）、「プロフィール・インフレーション」のために実際よりもデブで貧乏でブサイクだと思われてしまう。それを避けるために「本当に私のプロフィールには一切の誇張もウソもありません」と主張しても、それもチープトークの一つと見られ、信じてもらえない。

こういう人たちが「正直者の保証書」でももらって、自分たち専用のデートサイトを作れればいいのだが。モルモン教徒やカトリック教徒が専用のデートサイトを作っている一因はこれかもしれない（おそらく主な目的はデートの相手を同じ集団に属する人に限定するためだろう）。

正直であることの値打ち

とはいえ本章の冒頭に書いたとおり、私は多くの人が嫌がりそうな二つの個人的特徴（ティーンエイジャーの子供がいることと、「パーソナルスペース」や「衛生的」という概念が理解できない人懐っこい大型犬を飼っていること）はプロフィールに明記した。なぜこれらについては真実を述べたのか。

その答えはチープトークに関する肯定的（**協力的**）側面と関連している。こと子供や犬については、私の利益はデート相手と完全に一致していなければならない。私の子供（私は彼らと一日の半分をともに過ごす）や犬（いつも私と一緒にいる）といるのを不快に感じる相手とは交際できない。

これがチープトークモデルのカギとなる部分だ。情報の提供者と受け手の利益が本当に一致しているときほど、正確な情報が提供される。ウソ（ゲーム理論の**非協力的**部分）が書かれやすいのは外見、収入、年齢といった万人に共通する基本データで、これについては誰もができるだけ魅力的に見せたいと思う。一方、ティーンエイジャーの子供や毛むくじゃらの相棒といった要素は万人に共通するものではなく、交渉の余地もない。

要するに当事者同士の利益が完璧に一致していないときには、われわれは真実を語らない人もいるだろうと考える。ただ利益が一致している場合は、相手がウソをついているかどうかはそれほど心配しなくてもよくなる。

履歴書とイーベイでのチープトーク

多くの人になじみのある、チープトーク理論が当てはまる状況はあと二つある。履歴書とイーベイの広告だ。ただどちらにおいても不正確な説明への歯止めがあることで、買い手と売り手の双方にとって市場はオンラインデート市場よりはるかにうまく機能する。履歴書にあからさまなウソを書く人はほとんどいないが、実績が多少誇張されているのは常識だ。最近の研究★4では（別に驚くような話ではないが）経済学者は履歴書で誇張する傾向があることが明らかになった。採用担当者はこうした状況を理解しており、相応に履歴書を割り引いて見る。

第二に、イーベイでモノを売ろうとする人は、できるだけ買い手の関心をひくため売り物の状態を誇張しようとする誘惑に駆られる。中古品の機能性や外見をネット上で確認するのはきわめて難しい。

とはいえオンラインデートとは異なり、どちらの状況にも事実と異なる説明を抑制する仕組みが組み込まれている。照会先に連絡すれば、求職者の主張を裏づける（あるいは覆す）ような追加的意見を入手できる。またイーベイの出品者の評価は個別の製品ごとではないものの、出品者の総合的な正直さの信頼度を示している。

こうして問題は自然と解決する。自分が提供する情報が他から提供される情報と比較されることがわかっていれば、真実を語ろうとする動機づけが高まり、その主張を情報の受け手のほうも信じようとする。参加者同士が一度きりしか取引しない市場では重大な問題となるようなことも、評判や繰り返しという要素があれば、たいてい解決できる。しかしオンラインデートはまさにこの「参加者同士が一度きりしか取引しない市場」なのだ。

残念ながらオンラインデート・サイトでは、複数の人や照会先に意見を求めることができない。ある人物の過去の「消費者」、つまり元カレや元カノ、元配偶者、あるいは以前デートした相手などにプロフィールの真実性を確かめることは、当然ながらできない。

オンラインデート・サイトの中にはウソを抑制するための手段として、第三者による情報の確認を求めるところもある。韓国のあるデートサイトは、参加者に公的な住民登録、卒業証書、雇用証明書などの写しの提出を義務づけ、それにもとづいてサイトのほうで年齢、婚姻歴、親の婚姻状態、教育、職業などを確認している。

中国の大手オンラインデート・サイト（ラブミーメリーミー・ドットコム）は韓国のサイトのように確認を義務づけることまではしないが、希望者には年齢、教育、年収などを証明する書類を送付できるようにしている。さらにスカイプを使って登録者がプロフィール写真と同一人物か確認している。中国最大手のジアユアン・ドットコム（世紀佳縁）は、登録者が公的文書を提出すればプロフィールの真正性を保証している。さらに探偵チームも組織し、捏造その他の怪しい行動を見抜こうとしている。イギリスのサイトは最近、ユーザーがフェイスブックやリンクトインに掲載する情報と照合することで、ユーザー情報の信頼性を確認しはじめた。とはいえフェイスブックやリンクトインに掲載している情報が正しいという保証もないので、信頼性の確認方法としては韓国や中国のそれにやや劣る。

オンラインデート、求職、イーベイの事例を総合すると、ウソの度合いに一定の歯止めをかけ、市場を円滑に機能させるうえで重要な三つの要素が浮かび上がる。第一に、共通の利益は協力的行動につながる。オンラインデートと求職活動の事例に共通するのは、多くの（願わくはほとんどの）市場参加者が「好ましい組み合わせとは、双方が他の選択肢よりも相手を好ましいと考えるケースに限られる」と理解していることだ。一方イーベイでは、取引はゼロサムである。売り手と買い手の利益はまったく逆だ。売り手はできるだけ高い値段で商品を売りたいと思うのに対し、買い手はできるだけ安く買いたいと思っている。だからイーベイには市場をきちんと機能させるため、より本格的な仕組みが要求される。

第二に、履歴書の照会先は候補者の資質について第三者の意見を提供するため、求職者がウソをついたり誇張したりするのを抑えるのに役立つ。第三に、イーベイのフィードバックの仕組みは、売り手が販売する商品の質を誇張すること（さらに悪質なケースでは商品を引き渡さずに代金だけを受け取る詐欺行為）を排除するのに役立つ。自分への評判を守りたいというインセンティブは長期間にわたる相互作用と同じような効果があり、利益の一致しない当事者同士が信頼関係を構築するのに役立つ。

テレビ番組に見るチープトーク

イギリスのゲーム番組『ゴールデンボールズ』には、私の好きなチープトークの要素が入っている。オンラインデートの世界で使われるチープトークとはまったく異なるタイプのチープトークだ。番組の最終局面で、最後に残った二人の対戦者が「折半か全部取り」というゲームをする。みんなが狙うのは二万ドルを優に上回る、ときには一五万ドルを超える賞金だ。

ゲームの内容はとてもシンプルだ。両対戦者の前には、金色のボールが二つずつ置かれる。片方には「折半」、もう一方には「全部取り」と書かれている。どちらも一方のボールを選ぶ。自分の選択はわかるが、相手がどちらを選んだかはわからない。

フタを開けてみて、両方が「折半」を選んでいたら、賞金を折半する。どちらかが「折半」、もう一方が「全部取り」を選んでいたら、後者が賞金をすべて受け取り、前者は手ぶらで家に帰る。両方が「全部取り」を選んだら、二人とも手ぶらで帰宅だ。物知りな読者なら、これが有名な「囚人のジレンマ」をアレンジしたものだと気づくだろう。

では、どうしたらいいだろう。善人を気取って「折半」を選ぶと、手ぶらで家に帰ることになるかもしれない。現実には「全部取り」を選べば相手より損をすることはない。たとえば賞金が二万ドルだとしよう。相手が「全部取り」を選べば、二人ともゼロだ。一方、相手が「折半」を選んだ場合、あなたも「折半」にすれば実入りは一万ドルだが、「全部取り」にしておけば二万ドルもらえる。ゲーム理論ではこの場合の「全部取り」を**支配戦略**と呼ぶ。相手がどんな選択をするかにかかわらず、あなたにとっては最高の選択だからだ。*

「折半」か「全部取り」を選ぶ前に、対戦相手同士で一分間「チープトーク」をする。自分はどうするつもりか、話し合うのだ。当然どちらも自分は「折半」のボールを選ぶと約束し、相手にも同じ行動をとるよう頼む。協力の約束やお願いの中には、なかなか見応えのあるものもある。それこそチープトークの本質だ。相手がそうすると言っているからといって、本当に「折半」すると信じる理由は一つもない。フタを開けてみればほぼ半数のプレイヤーが「折半」を選ぶ。これがまさにチープトークだというのは、この番組に出場する人々は相手が「全部取り」しようが「折半」にしようが、それによって「折半」するかどうかを決めるつもりはないからだ。要するに、相手が何を言おうと何をしようと、自分の行動を変えないのである。

このゲームはときに切ない結果に終わることもあるが、いつも最高におもしろい。プレイヤーは

＊ 厳密に言えばこれは「弱い支配戦略」だ。他のプレイヤーの選択にかかわらず、あなたの選択は最高とは言えないまでも他の選択肢と同等以上だからである。相手プレイヤーが「全部取り」にした場合の結果は悪いが、他の選択肢以上に悪いことはない。

泣いたり、相手の酷い行動を責めたりする。私が一番好きな展開は、双方が絶対に「折半」を選ぶ、自分が「全部取り」するようなことになったら恥ずかしくて生きていけないなどと言葉を尽くして約束しておきながら、お互いに「全部取り」を選んでしまい、手ぶらで帰るというものだ。そんなときはたいてい両者ともに大笑いして、「まあいいさ、お互いがんばったよ」とでも言いたげな視線を交わす。

経済学者がゲーム番組を好むのは、特にゲーム理論がらみのいくつかの概念を吟味するのにうってつけの、無菌状態の実験室のような環境を提供してくれるからだ。ただゲーム番組は現実世界に関する示唆を得る場としては、一つ大きな限界がある。あくまでテレビ番組である、ということだ。いくつかの面では『ゴールデンボールズ』はあまり役に立たない。それでも「全部取り」を選んでおけば相手より損することはないと知りながら、半数の人が「折半」を選ぶのは事実だ。なぜだろう。なかには本物の善人もいるのだろう。経済学者でさえ、そういう人間がわずかだが存在することは認めざるを得ない。

だが「折半」を選ぶのにはもう一つ理由がある。自分と日常的に関わりのある人がたくさんこの番組を見るということだ。オンラインデートの世界ならウソがばれるのは最悪でもデート相手だけで、一般大衆ではない。だが全国ネットで自分が賞金を全部取りするために相手をはめようとする様子を放映され、評判を落とすのはたいていの人は躊躇するだろう。

それにもかかわらず、半数の人が「全部取り」を選んでいる。経済学者の世界観とチープトークの有効性を裏付ける事実と言えよう。

企業のトークもチープである

われわれはデートサイトのプロフィール、履歴書、そしてゲーム番組でウソをついたり事実を誇張したりする。だがチープトークをするのは個人だけではない。われわれがデートサイト用プロフィールを書くときと同じ論理が、企業やその経営幹部が事実を歪曲する際にも働いている。

企業版チープトークの実例をダートマス大学の経済学者、ジョナサン・ジンマンとエリック・ジツェウィッツが記録している。[★5] 虚偽広告を研究できた珍しいケースだという。

熱心なスキーヤーは吹雪の後にパウダースノーが一番積もっている山を選ぼうとする。だから前の日と前の晩の降雪量を参考にする。降雪量の情報はだいたいインターネットで入手できる。ジンマンとジツェウィッツはスキーリゾートが降雪量を過大申告することを突き止めた。特にそうすることによるメリットが大きい時期（一般的に週末）ほどその傾向が強かった。

ただオンラインデート・サイトを利用する人々がウソがばれると思うと誇張の度合いを抑えるのと同じように、スキーリゾートもスキーヤーにウソがばれると思うと真実を語る。スマートフォンの普及によって、申告された降雪量にスキーヤーがリアルタイムで異を唱えることが可能になった。二〇〇九年にはスキー愛好家の情報コミュニティサイト、スキーレポート・ドットコムのあるユーザーが「ジャクソンホールのテトン・ビレッジでは今日、絶対に一五インチも降ってない。ゼロに近い」と書き込んだ。即時フィードバックの効果は絶大だ。ジンマンとジツェウィッツは、アイフォンの圏内に入るとスキーリゾートが降雪量を過大申告する度合いがはっきりと縮小することを明らかにした。

企業版チープトークのもう一つの例は、企業幹部による発言である。上場企業の幹部はチープトークをする機会が頻繁にある。大企業のCEOを考えてみよう。当然、相当な量の自社株を保有しているはずで、株価が上がるように好業績をあげようというインセンティブが働く。同時にクビになりそうなことは絶対にするまいと思うはずだ。また将来別の企業のCEOや取締役になったり選挙に出馬するために、社会的評価も高めておこうとするだろう。CEOは業績の見通しについて内部情報を大量に保有しており、自分の都合に合わせて公表したり隠したりできる。

過去二〇年ほどの間に、企業が株式やストックオプションをCEOの報酬に使用するケースが急激に増えてきた。CEOと株主の利害を一致させる必要がある、というのがその根拠だ。賢い株主というのは疑り深いオンラインデート・ユーザーや、履歴書を読むときの人事担当者とよく似ている。CEOが企業の見通しを発表すると、チープトークの可能性があるのを知っているため、たいていその発言を割り引いて聞く。一方、CEOも市場が話を割り引いて聞くことがわかっているので、予想を高めに言うしかない。ハーバード大学の経済学者、ジェレミー・スタインはCEOのチープトークとそれに対する市場の反応を分析し、「じっくり分析すれば『経営者は市場をうまく欺

くことができないため、敢えて欺こうともしない』という説が根本的に間違っていることは明らかである」と結論づけている。★6

金融市場で幅を利かせるもう一つの集団が投資銀行の株式アナリストだが、彼らもまたチープトークの使い手だと思われている。企業が株式を公開すると（株式を市場で売り出すこと）、投資銀行のアナリストが業績見通しを評価し、株が買いか売りかを推奨する。伝統的に、また証券取引委員会（SEC）のルール上、株式アナリストは投資銀行の中でも株式の売り出しを担当する人々とは独立していることになっている。

とはいえアナリストが見通しを高く評価すれば、それによって銀行の他のサービス（特に有価証券の引受業務）の売り上げも膨らみ、銀行全体として儲かる。「投資銀行陰謀説」を裏づけるようなエビデンスも事実存在する。たとえばハリソン・ホンとジェフリー・キュービックの研究は、勤務する投資銀行が売り出しを引き受けた株式について好意的な推奨を出すアナリストほど、クビになる可能性が低いことを明らかにした。

シュウ・ウェイ・リンとモーリン・マクニコラスは、新規株式公開時の投資銀行アナリストの推奨内容を詳細に分析した。公開する企業の引受業務をしている銀行のアナリストの推奨内容と、独立した立場の銀行（引受業務をしていない銀行）のアナリストの推奨内容を比較したのだ。その結果、二人は独立系銀行のアナリストのほうが、公開企業と取引関係のある銀行のアナリストと比べてはるかに厳しい見方をすることを明らかにした。ただ当然予想のつくことだが、市場はこうした誇張を織り込んでいる。つまり株式市場は、引受業務をする銀行のアナリストの見立てには、本当に独立した立場のアナリストのものほど反応しない。

アナリストやCEOに加えて、株式市場が固唾をのんでその発言に注目する人物がもう一人いる。米連邦準備理事会（FRB）議長だ。アラン・グリーンスパンが眉をひそめるだけで市場を動かせたこと、また金融危機の最中にベン・バーナンキの発言が一言一句、分析されたことを覚えているだろうか。FRB議長の発言はチープトークの可能性がある。市場をなだめるためだけに、状況を実際より良く言ったり、金利に関して特定の行動を計画していると発言したりする。

ただFRBは、特定の金融目標について具体的な数字を挙げるのではなく幅を示すなど、自らの意図を示す際には慎重に振る舞うことが多い。ジェレミー・スタインはFRBが情報を公開する際の動機を分析したことがある（のちに自らもFRBのメンバーになったが[★7]）。その結果、FRBが「インフレ目標二％」といった具体的数字を発表する場合、本当の目標が四％の場合もあることを明らかにした。そうした場合、市場はFRBの真意を疑うので目標の効果は削がれてしまう。一方、「インフレ目標一〜三％」など幅で示すと、FRBとしては市場操作はしにくくなる。このため目標が具体的数字ではなく幅で示されたときのほうが、チープトークの信憑性は高まる。

そうなると私もオンライン・プロフィールを更新して、「年齢四五〜五五歳、身長一七五〜一八五センチ」など幅を持たせたほうがいいかもしれない。

政治家のチープトーク

くどくど説明しなくても、選挙運動においてもチープトークが非常に重要な概念である、ということはわかっていただけるだろう。選挙運動中の発言には、まさにチープトークの本質が詰まっている。候補者は好きなことを何でも言える。ただマッチ・ドットコムのプロフィールを見る人がその内容を割り引いてみたり、誇張が過ぎる人とは二度目のデートに応じなくなるのと同じように、有権者は選挙公約を額面どおり受け取らず、また公約を実行しない政治家には再選時に罰を下す。

オンラインデートに経済学の要素が詰まっているのと同じように、近年は政治科学の世界にも経済学の進出が著しい。経済学で発展してきたゲーム理論を政治に当てはめる学術論文は急速に増えており、そこには選挙運動時のチープトークに関する分析も含まれている。その一つがジョセフ・ハリントンによる研究[★8]で、選挙後の立場の強弱によって政治家のチープトークの度合いが変化することを分析している。

ハリントンは、政治家が当選後に公約を実施しようとする際の反対勢力からの抵抗が少ないほど、公約の信頼性は低くなると論じている。たとえば市長選の候補者のほうが、議会を通さなければ政策を実行できない大統領選の候補者と比べて正直ではなくなるということだ。同じ理屈から、大統領は外交政策については国内政策よりも立場が強い（議会が国内政策ほど介入しない）ため、選挙中の公約は国内政策に関するもののほうが信憑性は高い。

この研究は一般的に、同じ大統領候補でも外交政策より国内政策に関する発言のほうが信用できることを示しているが、もちろん例外もある。「いいですか、よく聞いてください。新たな税は一切導入しません」という、共和党大統領候補の指名を受ける際のジョージ・H・W・ブッシュの発言は、政治家のチープトークとして最も有名な例かもしれない。

最後に指摘しておきたいのは、一番信用できないのは、有権者の民意と一致している候補者の発言である。たとえばキリスト教原理主義者の多いきわめて保守的な地域では、政治家は本音か否かはともかく中絶反対と主張するだろう。選挙公約をこういう視点で見ていくと、候補者としてのミット・ロムニーやビル・クリントンの発言が、政治的立場の極端に偏った州で知事選を戦っていたときと、アメリカ大統領選に出馬したときでは変化した理由もよくわかる。

これで本章の三つの重要なメッセージが、きちんとご理解いただけたことと思う。第一に、親愛なる読者のみなさん、私はみなさんのためだけにこの本を書いた。みなさんに経済学をできるだけ理解していただきたいという一心で。おカネを稼ぎたいとか、有名になりたいなどという動機はみじんもない。第二に、私は本当に身長一八〇センチで、びっくりするほどスタイルが良く、金持ちだ。最後にみなさんと『ゴールデンボールズ』で対戦することがあったら、絶対に「折半」を選ぶ。信じていただきたい。

第２章のおさらい

「チープトーク」とは……

ゲーム理論で言うチープトークとは、相手との利害の食い違いを分析し、特定の状況で情報を隠したり、真っ赤なウソをついたりするほうがよいかを分析する思考的枠組みである。

経済学の大切な教え

ときには自分自身についてウソをついたり誇張せざるを得ないこともある。他の人々がウソをついたり誇張するため、あなたの言うことも割り引いてとられるからだ。

「チープトーク」を研究する経済学者による貴重あるいは重要な実証研究

スキーリゾートは一般的に新雪の降雪量について誇張する傾向がある。ただスキーヤーが実際の降雪量を容易に確認できるようになると、誇張は抑制される。

「チープトーク」の観点から言うと、恋人探しは……

イーベイでの商品販売、履歴書の執筆、そこはかとなく下品な名前のイギリスのゲーム番組での対戦に通じるところが多い。

恋愛に関するアドバイス

みんなもやっているので、プロフィールでの多少の誇大広告は問題ない。ただしやりすぎるとあっさりふられるので注意しよう。

第3章 フェイスブック効果
ネットワーク外部性

私がオンラインデートの世界に足を踏み入れたとき、まず登録したのはマッチ・ドットコムだ。ユーザー・インターフェースが一番魅力的だったためでも、パートナー同士をマッチングさせるユニークで革新的な仕組みがあったためでも、料金が安かったためでもない。名前を聞いたことがあったのと、オンラインデート市場で最も規模が大きかった（あるいはそれに近かった）ためだ。

あまり論理的とは思えないかもしれない。アメリカで一番人気があるからといってトヨタのカムリに乗ろうとは思わないし、アメリカ最大の小売業だからといってウォルマートで買い物するわけではない。世界一人口の多い国だからといって中国に移住するつもりもない。ではなぜ、もっとおしゃれで、スバルを運転する人間（これで私がいかにワイルドな男かわかるだろう）にぴったりのニッチなサイトを選ばなかったのだろうか。

マッチ・ドットコムを選んだのは、消費者にとってデートサイトの価値を決める圧倒的に重要な要因は、そこでどれだけ多くのデート相手と出会える可能性があるかだからだ。たくさん女性がいるところに登録したかった。私に限らず、デートサイトを使う人の多くはたいていユーザー数の多いサイトを使いたいと考えるもので、それが新たなデートサイトの参入を難しくしている。このようにデートサイトは製品の需要がさらなる需要を呼ぶ市場で、経済学者の用語を使えば**ネットワーク外部性**のある市場である。

成功するデートサイトの要素をすべて兼ね備え、一九九七年に鳴り物入りで登場したソーシャルネット・ドットコムは、ネットワーク外部性の重要性を思い知ることになった。三回の投資ラウンドでは一流のベンチャーキャピタルから一九〇〇万ドルを調達。一流の経営陣を集め、六〇〇万ドルの広告予算で定評ある広告代理店も雇った。CEOのリズ・キャロドナーはサイトに自らプロフィールを登録し、数多くのメディアに取り上げられた。創業者の一人が後にリンクトインを立ち上げたことを考えれば、ソーシャルネット・ドットコムにはまちがいなくネットワーキングサイトの運営方法をわかっている人材がいたと言える。すべてが完璧と思われたが、二〇〇一年初頭にはマッチネットに破格の安値で身売りし、ソーシャルネット・ドットコムのサイトは他のサイトに吸収された。私のように大手サイトしか見向きもしなかったデートサイト・ユーザーの犠牲になったわけだ。

ソーシャルネット・ドットコムもそれなりのペースでユーザーを集めたが、他のサイトのほうがさらに勢いよく成長した。マッチ・ドットコムはオンラインデート・ユーザーの定番となりつつあり、二〇〇〇年に立ち上がったイーハーモニーも大成功していた。このように成長が加速したことで、ソーシャルネットのような新興サイトは厳しくなった。

誰も行かないから、誰も行かない

誰もソーシャルネットを使わないので、ますます誰もソーシャルネットを使わなくなった。まるで出来の悪いヨギ・ベラの金言のようだが、ネットワーク外部性という概念をシンプルに表現するとこうなる。需要が需要を生み出す市場だ。

経済学において**需要**の概念はきわめて重要であり、製品の需要の基本的概念はかなり単純である。ある製品が機能がたくさんある、質が高い、あるいは単に見た目が良くておしゃれだ、といった理由で他の製品より優れていると思われると、その需要は高まる。また一般的に価格が安いほど、需要は高くなる。他のすべての条件が一定ならば、オンラインデート・ユーザーは登録料のかかるサイトより無料サイトのほうを好む。ほとんどの製品の場合、価格と製品の特長という二つの要素が需要の主要な決定要因となる。

ただネットワーク外部性のある製品の場合、三つめの要因を考慮しなければならない。「他の人たちはどうしているのか」だ。ユーザーが一人増えると他のユーザーにとってその製品の価値が高まる場合、製品にはネットワーク外部性がある。オンラインデート・サイトはまさしくそうだ。デートサイトに登録者が自分しかいない、などという状況は誰でもまっぴらだろう。そう考えると、デートサイトというものが立ち上がること自体が驚きだ。最初に登録するのは誰だろう? 二〇人しかメンバーのいないサイト、あるいはゼロか一人しかいないサイトに登録する人なんているのだろうか?

基本的にオンラインデート・サイトは、メンバー同士をマッチングさせる優れたアルゴリズムがある、革新的で直観的に使いやすいインターフェースがある、あるいはデート候補について興味深い情報がそろっているといった魅力的な機能がそろっているだけでは成功できない。たくさんの相手から選ぶことができなければ、他の要素など何の意味もなくなる。

ある製品にネットワーク外部性があるかどうかを見きわめる最も簡単な方法は、自分がその製品を選ぶときに何を基準にするかを考えることだ。私が今乗っている車を購入するときには、自分が車に期待する機能は何か、そして自分がどれくらいなら支払う用意があるかを考えた。他にカムリに乗っている人がどれだけいるかなど考えもしなかったし、もし考えたとしたらむしろますます買う気が失せていただろう。それに対してオンラインデート・サイトを選ぶ際には、釣り合いそうな女性がどれだけいるかしか考えなかった。製品そのものではなく、他のユーザーが意思決定の決め手となった。製品が需要を生んだのではない。需要が需要を生んだのだ。

フェイスブック効果

インターネットの台頭によって、さまざまな意味でネットワーク外部性はより明白に、またより重要になった。これから見ていくとおり、ネットワーク外部性は目新しい事象ではないが、さまざまなアプリケーションでインターネット・プラットフォームが登場し、それによって「需要が需要を生む」という概念がことのほか明確になった。最たる例はフェイスブックだ。突き詰めると、誰かがフェイスブックを利用する唯一の理由は、他の人がフェイスブックを使っているからだ。誰かがフェイスブックに登録するたびに、他の人にとってフェイスブックの価値は少しずつ高まっていく。フェイスブック成功の秘訣はたくさんのユーザーを抱えている、という一点に尽きる。

おそろしく単純なビジネスモデルに思えるが、もちろん重要なのは、そもそもどうやって「クリティカルマス」（爆発的成長が始まる臨界点）に達するかだ。大規模化し成功しているデートサイトは、いかにして既存の登録者数が多いというだけの理由で新たな登録者を呼べるまでに成長したのか。マッチ・ドットコムの場合は、さまざまな事柄がうまくかみ合った結果と言える。発足したのは一九九五年で、ちょうどインターネットが強力な勢力となりはじめた時期だ。まもなくサイトが稼働し、当初は無料だった。最初に誕生したサイトの一つであり、デザインも良かったため（あくまでも当時の基準では）、それなりのユーザーが集まった。その後は特に何もせず、先行者利益を享受した。というのも特定の地域にたった一〇〇人しかユーザーがいなくても、他のサイトにまったく会員がいなければ、デートサイトに登録しようと考えた人は迷わずマッチ・ドットコムを選んだからだ。

すべての製品にネットワーク外部性があるわけではない

先行者利益という概念は、さまざまな場面や業界で重視されている。しかしネットワーク外部性ほど、先行者利益を狙う動機づけとして強力なものはない。一九九〇年代末にインターネットが台頭した時期には、デートサイト以外でも多くのウェブサイトがすばやく行動を起こし、先行者利益を手に入れようとした。しかし往々にして先行者利益の価値は取るに足らないものであったか、あるいは他者が先行者の失敗に学べるような状況ではマイナスでしかなかった。

その典型を二つ挙げると、ネット食品スーパーの先駆者を目指したウェブバンと、ペット用品店の先駆者を目指したペッツ・ドットコムだ。それぞれ当初はブランドを確立するために、スーパーボウルで広告を流したり、メジャーリーグの球場に看板を出したり、（ペッツ・ドットコムでは）有名な靴下人形を作ったりするなど、巨額の投資を行った。

だがどちらも二〇〇〇年末には破綻していた。ペット用品や食品の宅配というのは間違いなく優れたビジネスモデルであり、アマゾンは実際に両者で大成功を収めている。しかしどちらの市場においてもネットワーク外部性は限られており、先行者になる利益は一つもなかった。たとえば私にとっては友人や隣人がウェブバンで買い物していようがどうでもいい。つまり需要が需要を生み出さないのだ。

先に挙げたフェイスブック効果ではまさにその逆が成立する。フェイスブックはまともなユーザー・インターフェースとオプションを有するそれなりに優れたサイトだ。しかし突き詰めれば、これほど多くの人がフェイスブックを利用する圧倒的に重要な理由は、これほど多くの人がフェイスブックを使っているからにほかならない。他の多くの製品の需要と比べると、どのソーシャルネットワークサービスを選ぼうか考えている人の需要は、価格や機能に左右される部分が小さい。むしろソーシャルネットワークサービスの需要は、自分の友人がどのソーシャルネットワークを使っているかだけでほぼ決まる。

ここ数年、グーグルはフェイスブックにまともに対抗できる製品をつくろうと次々と新たな策を繰りだした。直近の試みが「グーグルプラス」で、機能的にはフェイスブックより優れているというふれこみだった。多くのユーザーを集めたが、フェイスブックの支配を微塵も揺るがすことはできなかった。自分の友達がごっそりグーグルプラスに動かなければ、フェイスブックから乗り換える人はいない。友達グループが協議の末に一つのソーシャルネットワークサービスから別のものへと乗り換える、といったことはまず起きない。ネットワーク外部性のおかげで、われわれはまんまとフェイスブックに加わり、おそらく今後もとどまるだろう。

フェイスブックはいかにしてこれほどの支配的地位を獲得したのか。マイスペースなど他のソーシャルネットワークサービスからどうやってユーザーを奪ったのだろう。重要なのはフェイスブックは発足してから支配的地位を確立するまでの間は、ネット上で初めてソーシャルネットワークを選ぼうとしているユーザーに的を絞ったことだ。アーリーアダプター（初期のユーザー）のほとんどは、別のサイトから乗り換えてきた人々ではない。特定の集団にネット上での交流場所としてフェイスブックを選んでもらっただけだ。まもなくこうしたユーザーの友達が同じサイトに加わりはじめ、その友達、そのまた友達と広がっていった。

電話――フェイスブック登場以前のフェイスブック

フェイスブックやマッチ・ドットコムは新たな革新的アイデアに思える。しかし製品の需要がその需要によって決まるという考え方は、特に新しいものではなく、もちろんインターネットに限った話ではない。フェイスブックへの需要は、電話への需要と本質的にまったく変わらない。なぜ電話を持つのか。それはみんなが持っているからだ。最初に人々に電話を使わせるのは少し厄介だった。だが新しいユーザーが一人増えるたびに、電話への需要は少しずつ高まっていった。その分、他の人にとっての電話の価値が高まったためである。同じロジックは登場した当初のファックスにも当てはまった。

インターネットが登場する以前のネットワーク外部性のもう一つの重要な特徴は標準化である。あなたが使っているキーボードについて、改めて考えたことはあるだろうか。なぜ一番上の段に「ＱＷＥＲＴＹ」の文字が並んでいるのか、と。できるだけタイピングのスピードが速まるように、誰かがきちんと考えて最高かつ最も効率的な配置を考えてくれた、というのが答えだったらどんなにいいだろう。

もちろん、そういうことではない。ＱＷＥＲＴＹキーボードは、ウィスコンシン州ミルウォーキーの新聞社の二人の編集者が開発し、その後Ｅ・レミントン＆サンズに売却したもので、同社がさらに修正を加えたうえでタイプライターに採用し、普及させたものだ。レミントンのデザインの重要な特徴は、よく並んで使われる文字（ｔとｈなど）を連続して打ち込んだときにキーのアームがからまないように、隣に配置しないようにしたことだ。しかも各列の文字は上の段から少しずらして配置された。それもキーのアームがぶつかり合わずにきちんと紙に当たるようにするためだ。今日、こうした特徴はいずれも不要となったが、まだ誰もがＱＷＥＲＴＹキーボードを使っている。ひとたびＱＷＥＲＴＹキーボードが標準になると、誰もがそれを使いたいと思うようになった。他の人もみんなそうしているためだ。フェイスブックの経営陣はＱＷＥＲＴＹキーボードの歴史にさぞ意を強くすることだろう。

ＱＷＥＲＴＹキーボードのように標準となって長い歳月にわたって使用され、需要がさらなる需要を呼ぶことになったネットワーク外部性の事例はほかにもたくさんある。たとえば家庭用ビデオ録画機が普及しはじめた一九七〇年代、最初に市場をリードしていたのはソニーのベータマックス方式だ。だがその後、日本ビクターがVHS方式を発売し、ソニーが自らに有利なようにネットワーク外部性を働かせるのに必要な「クリティカルマス」を集める前に主導権を奪った。同じように二〇〇六〜〇八年にかけては新世代のビデオディスク技術の覇権をめぐり、HD DVDとブルーレイ陣営の間で標準化争いが起きた。ブルーレイが勝利したことで二〇〇八年に東芝はHD DVDから撤退し、HD DVDの需要不足はさらなる需要不足へとつながっていった。

匿名性の価値

ここで再びオンラインの世界に戻り、そこでネットワーク外部性がどう機能するのか、もう少し考えてみよう。フェイスブックに成功をもたらした原理の多くはオンラインデート・サイトにも当てはまるが、いくつか重要な違いもある。第一に、ユーザーがフェイスブックを選ぶのは自分の友人たちも使っているからだが、友人たちが使っているからという理由でマッチ・ドットコムやオーケーキューピッドを選ぶわけではない。むしろ私なら自分のマッチ・ドットコムのプロフィールを知人には絶対見られたくない。どちらのサイトでもユーザーが登録するのは他の人々も使っているからだが、フェイスブックの場合は知っている人が使っているから、マッチ・ドットコムは知らない人が使っているからだ。

ここから、新たなオンラインデート・サイトのほうが新たなソーシャルネットワークサービスよりユーザーを獲得しやすい二つの、相互に関連する理由が浮かび上がる。第一に、オンラインデートをする人々は特定の集団ではなくたくさんの人と出会いたいため、複数のサイトを使うことが多い。たとえば私はマッチ・ドットコム、オーケーキューピッド、Jデートを使っている。もちろんそれぞれのサイトでセットアップをする手間はかかるが、それほど労力はかからず、潜在的なパートナーの母集団も大きくなる。複数のサイトで同じ女性を見かけることも多いので、この種の二股をかけているのは私だけではなさそうだ。一方、ソーシャルネットワークはフェイスブックしか使っていない。私の友達がみんな使っているからだ。

第二に、私が一つのデートサイトから別のサイトへ切り替える前提として、友達みんなに同じ行動をとってもらう必要はないので、新しいサイトのほうが優れたプロダクトを提供していれば試してみるのはやぶさかではない。マッチ・ドットコムがすでに需要が需要を呼ぶようなサイトを構築していたにもかかわらず、イーハーモニーやオーケーキューピッドが後から市場に参入し、成功できたのはこのためだ。

イーハーモニーはユーザーのマッチングにユニークな方法を使っており、それによってユーザーは長続きするパートナーを見つけやすくなると主張している。このシステムを試してみたいという人を十分集めることができたので、ネットワーク外部性を獲得して急成長した。同じように二〇〇四年に発足したオーケーキューピッドには、マッチ・ドットコムにはなかった二つの売りがあった。

一つは無料であったこと、もう一つはプロフィールを登録する際におもしろい質問をいくつか用意していたことだ。この二つの特徴に魅力を感じた人は多く（すでに述べたとおり、ネットワーク外部性とは需要が需要を生み出すことを意味するが、需要を増やす要因は他にもある）、特にオンラインデートを初めて試そうという若い独身者はそうだった。オーケーキューピッドはこの層を足がかりに、ネットワーク外部性が威力を発揮するまでに勢力を伸ばした。だが（グーグルプラスではユーザーがフェイスブックから仲間を引き連れて移動してこなければ意味がなかったのと同じように）オーケーキューピッドやイーハーモニーが登録者にとって友人も使っていなければ意味がないものであったら、この二つのデートサイトも成功できなかったのではないか。

マッチ・ドットコム＝ショッピングモール、フェイスブック＝パーティ

フェイスブックとマッチ・ドットコムにおけるネットワーク外部性の働き方には、もう一つ重要な違いがある。それを説明する前に、イーベイやモンスター・ドットコムのようなウェブサイトのネットワーク外部性について少し考えてみよう。両サイトともネットワーク外部性から非常に大きな恩恵を受けている。ただどちらにおいてもサイトへの需要があるのは、同じサイトを使うユーザーの半数の需要があるためだ。たとえばイーベイの買い手がイーベイに行くのは売り手がイーベイに来るからであり、逆にイーベイの売り手がイーベイに行くのは買い手がイーベイに来るからだ。

また求職者がモンスターに行くのは、企業がモンスターに行くからであり、逆に企業がモンスターを使うのは求職者が使うからである。つまり新たにモンスターに履歴書を登録する人は、そこに求人を投稿するすべての企業にとって正のネットワーク外部性があるが、他の求職者にとってはライバルになるため負の影響がある。

イーベイの売り手にとっての理想的状況とは、イーベイの現在の買い手がサイトでの買い物を続ける一方、他の売り手がサイトからいなくなることだ。同様にモンスターで仕事を探す人たちには、従業員を探している企業がサイトにとどまる一方、他の求職者にはみなサイトの使用をやめてもらうのが望ましい。当然、そんなことは起こらない。イーベイから売り手が一斉にいなくなってしまったら買い手も別の場所を探すだろうし、求職者がモンスターからいなくなれば企業も求人情報を別のサイトに出すだろう。

それに対し、フェイスブックの原理はまるで違う。そこにはほぼ正のネットワーク外部性しかない。恩恵を被りたい相手からしか恩恵は受けない。競争は存在しない。フェイスブックは基本的には、みんなが集まって楽しい時間を過ごすパーティと変わらない。

当然ながらこういう面では異性愛のユーザーにとってマッチ・ドットコムなどのデートサイトは、フェイスブックよりイーベイのほうにずっと近い。ユーザーの半分（男性）がマッチ・ドットコムを即座にやめてくれたら、またその結果女性も一斉にやめてしまうということがなければ、私にとってはそれほど嬉しいことはない。イーベイやマッチ・ドットコムがネット上で生み出すネットワーク外部性は、ショッピングモールやシングルズバー（独身者向けバー）が現実世界で生み出すネットワーク外部性とまさに同じだ。

男性がシングルズバーに行くのはそこに女性がいるからであり、また他の男性と同じ女性たちを争うことになるのはわかっている。買い物客がモールに行くのは店がそこにあるからで、店がモールに出店するのはそこに買い物客が来るからだ。どちらのケースでもネットワーク外部性は市場の成長と集積を促す一方で、取引の両サイドで競争を生み出す。

同性カップル向けのデートサイトは一見、フェイスブックに近いように思える。ゲイの男性が特定のデートサイトに集まるのは、他のゲイの男性がそこに行くからだ。たしかにそうした関係はあるのだが、フェイスブックと違うのは、デートサイトに参加するゲイの男性は、それぞれ恋人候補であると同時にライバルになる可能性がある。こういう意味では非常に珍しい市場だ。ネットワーク外部性はきわめて重要だ。他にゲイの男性がいないサイトでは競合はないが、そこに登録する人もまたいない。ゲイとレズビアンは未来のパートナーと未来のライバルを区別することができない、という珍しくも興味深い立場に置かれることになる。

われわれはいかにお互いの邪魔をするか

ネットワーク外部性が生じるのは結構なことだ。しかし現実には例外的なものである。一般的にはわれわれは他の人々が自分と同じモノを欲しがらないほうがいいと思う。マッチ・ドットコム（それ以上にフェイスブック）は需要が需要を生み出す事例だが、需要が需要を減退させる事例もまほどある。伝統的な市場の中でその最たる例を探すなら、高速道路の運転だ。高速道路に他の車が一切走っていなかったら、私はおそらく今よりもっと利用するだろう。渋滞にはまるのは大嫌いなのだ。だから高速にドライバーが増えるほど、私は運転しなくなる。フェイスブックは使う人が増えれば増えるほどいいのに対し、高速道路は使う人が増えるほど悪くなる。

経済学者はこの渋滞の「需要が需要を減じる効果」を**混雑の外部性**と呼ぶ。残念ながら混雑の外部性はそこら中にある。レストランが混雑してきて待ち時間が増えると、需要は低下する。本当にスポーツイベントが好きな人も、スタジアムが混雑しすぎて駐車場を探すのが困難になり、良い席が手に入らない状況ではチケットを買わなくなる。誰もが何かを欲しがると、手に入りにくくなる。それが世の常だ。

しかし混雑の外部性にはさらに問題があり、それは再び効用の問題と関わってくる。次のように切り出すとさっぱりおもしろそうな話に思えないかもしれないが……先週土曜日の晩の私の様子をお話ししよう。まだ打ち明けていなかったが、私の大好きなミュージシャンはみな、フォークあるいはカントリーミュージックの女性シンガーソングライターだ。みなさんはおそらく聞いたことがないと思うが、パティ・グリフィン、ティフト・メリット、サラ・ハーマーなどは一日中聴いていても飽きない。直近の土曜日の晩、この地味な分野において私の一番のお気に入りであるキャスリーン・エドワーズがサンフランシスコの小さなナイトクラブで公演することになった。

車を運転してそのライブを聴きに行くべきか、私は決断を迫られた。公演を楽しむメリットが、その金銭的コストや他の目的に時間を使えなくなるコスト（その日は息子が家にいたので、一緒に楽しい時間を過ごせたかもしれなかった）、さらには渋滞にはまってイライラするコストを上回るほどのものなのか、じっくり考えてみた（もちろん頭の中で、の話である。経済学者だって特定の行動の効用を正確にはじき出すためにわざわざ立ち止まって計算したりはしない）。最終的に私は行くと決めてサンフランシスコに向かった。

行くという私の決断は「正しかった」のだろうか。利己的な観点から言えば、間違いなく正しかった。コンサートはすばらしく（読者にキャスリーン・エドワーズのファンがいるかもしれないので念のため言っておくと、あの日の「ミント」はめちゃめちゃ良かった）、コンサートのチケット代や到着するまでの労力などものの数ではなかった。

しかし社会的観点から言えば、誤った判断であったかもしれない。一つ私がここで認めておかなければならないのは、コンサートに行こうかどうか決断するとき、自分がサンフランシスコに行くことで何千人という人々の夜をほんの少しだけ不快なものにすることなどまったく考えなかったことだ。まず私は道路の混雑を少しだけ悪化させた。車一台分増えただけなのでそれほど大きな影響があったわけではない。しかしルート２８０と１０１を走った数千人の人々は、私のおかげで目的地に着くのが一秒遅くなったはずだ。そのムダを合算すれば、私が先週の晩にサンフランシスコに運転していったことによって、誰かの一生のうち一時間分がムダになったかもしれない。なんとまあ、迷惑なやつだ。

さらに私は少なくとも一〇分ほどぐるぐる回ったあと、クラブのすぐそばに駐車スペースを見つけることができた。私がそのスペースを手に入れたことで、他の誰かがそこを使えず、別のスペースを探すのにさらに時間を費やしたはずだ。その人物が場所を確保したら、そのすぐ後ろにつけていた車が別の場所を探す、という具合に延々と続いていく。なんとまあ、どこまでも迷惑なやつだ。

そして最後に、コンサートでは全員が立ち上がってステージのほうに詰めたのだが、私がその場にいたおかげでそこにいた大勢の人が少し後ろに立つことになり、結果としてコンサートの楽しさがわずかに減じられたかもしれない。当然ながら、私はまたしても迷惑なやつと言える。

突然土曜の晩にサンフランシスコに行った自分がとんでもないクズのように思えてきた。大勢の人たちからたくさんの効用を奪ったのだから。

私は悪人ではないし、みなさんも違うだろう。しかし私もみなさんも普段意思決定をするとき、他の人々の効用を減じることになることなどまったく考慮しない。みなさんが地球温暖化の否定論者でもないかぎり、車を運転したりして二酸化炭素を排出するときには多少外部性について考えることもあるだろう。プリウスやプラグイン電気自動車が最近猛烈に売れているのは、多くの人が自らの生み出す二酸化炭素の外部性を気に病んでいることの表れだ。それならなぜ混雑の外部性については気に病まないのだろう。なぜ彼らは行動習慣を改め、私が次にコンサートに行くときに邪魔にならないようにしてくれないのか。

突き詰めると、われわれはみな利己的なのだ。多少の例外はあるが、意思決定をするときに他の人の効用など考慮しない。たいていの場合はそれで構わないのだが、混雑の外部性があるときはそうではない。「炭素税」など、車の使用などで二酸化炭素を排出して環境を汚染する外部性を抑制するための措置について聞いたことがあるかもしれない。しかし混雑の外部性を抑制しようとする試み、すなわち道路を混雑させて他人に迷惑をかけた人にそのコストを「引き受けさせる」仕組みなどめったに聞かない。

ただし抑制策を導入した例もいくつかある。最も有名なのは、ロンドン中心部の「混雑課金区域」と呼ばれる地域に車で乗り入れた人が支払わなければならない高額の負担金である。[★1] 平日にこの地域に乗り入れた車両は、一日あたり最大一〇ポンドの料金を支払わなければならない。二〇〇三年にこの制度が導入されると、地域内の交通量は約四〇％減少し、平均速度は三〇％近く高まった（それでもようやく時速一八キロ弱だが）。その後、交通量は徐々に戻り、負担金導入前と同じ水準になったが、制度が導入されなければ混雑はさらにひどくなっていたかもしれない。

混雑の外部性を抑制する試みは他にもあるが、これほどの成功は収めていない。ニューヨークを車で走ったことのある人ならみな知っていると思うが、平日の渋滞はひどいものだ。マイケル・ブルームバーグ市長が市内に車で乗り入れる人に課税することを提案したが、実施されなかった。ブルームバーグの案はロンドンの例にならい、平日にローワー・マンハッタンに乗り入れる車に八ドルを課金するというものだった。相当な支持を集めたものの、逆進性がある（貧困層やミドルクラスほど負担感が強い）、あるいは対象地域周辺の交通量が増えるだけだという主張にかき消されてしまった。

ロサンゼルスの高速道路の渋滞はもはや伝説である。南カリフォルニアの高速道路はほぼ一日中、駐車場のような有様だ。しかし人々が車を使うかどうかを決めるとき、自分が渋滞の一因になっていることを意識させるような措置が真剣に検討されたことはほぼない。

負の外部性は、混雑の外部性だけではない。混雑の外部性とは、ある人が特定の製品を使用することで他の人の需要（あるいはそれを使用することによるメリット）が減じられ、後者の効用が低下するものだ。二酸化炭素の外部性はもっと単純である。私が車を運転すると環境を汚染し、あなたは車を運転するかしないかにかかわらず影響を被る。このような仕組みの外部性は多い。われわれのとる行動の中には、相手が何をしているかにかかわらず多くの人に負担をかけるものがある。

理論的には、人々の行動に税金などさまざまな制約を課すことで、外部性の問題を正すことができるとされる。しかし政府が必要な対策を講じるのはかなり難しい場合もある。というのも外部性を引き起こす側はよく組織化されていて声が大きいのに対し、その犠牲になる側は分散している（たとえば個人レベルの負担は非常に小さいので、問題に対してわざわざ声をあげるほどではない）ことが多いためだ。

外部性のプラス面

ここまで読んでいただければ、オンラインデートに見られるネットワーク外部性（「需要が需要を生む」効果）は、数ある外部性の一つにすぎないことがわかっていただけただろう。運転に関しては混雑の外部性があり、そこでは需要が需要を減退させる。もっと一般的な負の外部性としては、環境汚染のような誰かの行動が他の人々に直接悪影響を及ぼすものもある（両方が消費するプロダクトの価値が下がるのではない）。

残るは一番すてきな外部性だけである。**一般的な正の外部性**だ。マッチ・ドットコムに女性会員が一人増えるたびに、私の効用は高まる。それによって私が彼女と出会い、相性ぴったりと判明する可能性が生まれるからだ。ただ私と直接交流しない女性でも（別に男性や子供でも良いのだが）、私の効用を高めることはできる。たとえば私の近所に庭の手入れがすばらしく上手な人がいて、私の家から彼の家がよく見える。すばらしい庭があれば、それを日々見られる隣人自身が幸せなのはもちろん、それを頻繁に眺められる私も幸せだ。隣人の庭は私の効用を高める。本来であれば隣人は庭を美しく維持するコストの一部を私に請求すべきなのだ。そのおかげで私がより幸せになるのだから。

地域の自治会の中にはこれを実践するところもある。住宅所有者に庭を美しく保つことを義務づけるルールを作るのだ。そのようなルールがないと、住宅所有者は庭の手入れに十分な投資をしなくなるだろう。一方、すべての居住者が庭を美しく保てば、正の外部性（日々美しい庭が楽しめるうえに不動産価値が上昇するなど）が最大化される。

正の外部性は公教育制度を導入する主要な根拠となる（もちろん公平性も重要な根拠だ）。われわれには教育に投資する強いインセンティブがある。第９章で見るとおり、教育を受けるほどその人の享受するメリットは大きくなる。教育を受けると、高収入で福利厚生に恵まれた仕事、単調ではなく楽しい仕事、さらには健康などの好ましい要素を獲得できるようになる。それに誰かが教育を受けると、（たいてい）その隣人も恩恵を被る。たとえば教育を受けた人はより多くの税金を納める一方、政府から受け取る給付は少なくなる傾向があり、犯罪に手を染める可能性もはるかに低くなる。その結果、隣人が支払う税金は減り、安心感は多少高まる。

公立学校がまったくない場所では、子供は（その親も）高いおカネを払って私立学校に行くかどうかを決めなければならないことが多い。たとえば公立学校が近くになく私立学校に行きたいが、おカネがないという少女がいたとしよう。かなり大変だが、近所を一軒ずつまわり学校に行くためのおカネを寄付してほしいと頼むことはできる。隣人たちに、教育を受ければ将来彼らの税金の世話になることもなく、彼らの家に泥棒に入る可能性も低くなる、と理解してもらうのだ。もしかしたら学校に入れるだけのおカネが集まるかもしれない。

幸い、先進国に住んでいる野心あふれる学生たちはわざわざ近所を一軒ずつまわっておカネを集める必要はない。アメリカでは子供たちは地元の公立学校に入学すればいい。われわれは社会として、子供たちに教育による正の外部性を生み出してもらう最良の方法は、彼らに当たり前に教育を提供することだと判断したのだ。しかもそれをさらに推し進め、（だいたいの地域では）少なくとも一六歳になるまでは学校に行かせるべきだと決めた。その時点でドロップアウトする子も多く、なかには頻繁に泥棒を繰り返すようになる者もいるが、それでもそうなる可能性は学校にまったく行かなかった場合よりはるかに低くなる。

車を使うかどうか決めるときに、自らが渋滞に及ぼす影響を考慮するように学校で教え込んでもらう方法を編み出せば、教育に投資する効果はさらに高まるだろう。といっても最近の学校でそもそも何かを教えることなどできるのだろうか。子供はみんなフェイスブックで手いっぱいだ。

第3章のおさらい

「ネットワーク外部性」とは……

需要が需要を呼ぶ、つまりユーザーが一人増えると他のユーザーにとって製品の価値が高まる場合、その製品にはネットワーク外部性がある。

経済学の大切な教え

需要が需要を生み出す市場では、誰よりも先に製品を売り出すことが他社の参入を防ぐ最も強力な障壁になり得る。

「ネットワーク外部性」を研究する経済学者による実証研究の貴重な成果

理想的世界において政府は、高速道路の通行や二酸化炭素の排出、あるいは昼間ニューヨークシティに車で乗り入れることに高い料金を課すなど、さまざまな手段を通じて世界をより良い場所にすることができる。

「ネットワーク外部性」の観点から言うと、恋人探しは……

ソーシャルネットワークサービス、ネットオークション、ショッピングモールでの買い物に通じるところが多い。

恋愛に関するアドバイス

オンラインデート・サイトは規模の大きいところを選ぼう。ここではリーダーではなくフォロワーになるのが吉。

第4章
言葉を行動で証明する
シグナリング

韓国のオンラインデート・サイトが最近、九日間のスペシャルイベントとしてオンラインデートとスピードデートの掛け合わせのような企画を実施した。まず参加者は通常のオンラインデートと同じように異性のプロフィールを閲覧する。五日間の申し込み期間中に、デートをしてみたい相手を一〇人まで申請することができる。しかもこの期間中に、そのうち二人にバーチャルなバラの花を贈ることができる。これはバラを贈る側が受け取る側に「自分が選んだ人の中でもあなたが一番だ」と伝える効果がある。それからの四日間で、デートの打診を受けた側が回答する（イエスかノーかを伝える）。それを受けて運営会社がお互いに興味を示したカップルを引き合わせるのだ。

参加者は参加費として約五〇ドルを支払う。これはこのサイト（韓国版のマッチ・ドットコムと考えるといいだろう）の標準的サービスの月額料金より若干低い水準だ。

なぜこのサイトはバーチャルなバラの花を使ったのか。またそれはカップル成立に影響を与えたのか。最初の質問の答えは、経済学者がアドバイスしたから。そして二つめの質問の答えとしては、影響は大ありだった。誰かに好印象を与えるために何らかのシグナルを出すという**シグナリング**の理論は、マイケル・スペンスが一九七〇年代にモデル化したものだ（その結果スペンスは二〇〇一年にノーベル経済学賞を受賞した）[★1]。それを経済学者が韓国のサイトで試そうとしたのである。

シグナリングは第2章の続きである。たとえば私があるデートサイトで、女性に次のようなメッセージを送るとしよう。「あなたのプロフィールは、私がこの一年このサイトで見た女性のプロフィールの中で一番魅力的で興味を惹かれます」。まさにチープトークだ。誰かにメッセージを送るときはいつもこの文面を使うことができる。こんなメッセージを受け取った女性には、私を信じる理由など一つもない。「他の娘にもそう言ってるんでしょ？」は歌やテレビや映画の決まり文句だ。では、この女性のプロフィールが最近見た中で本当に最高であることを示したければ（シグナリングしたければ）、どうしたらいいだろう。それを証明する方法、つまり言葉を行動で裏づける方法を編み出さなければならない。

韓国のウェブサイトが特別企画で参加者に提供したのがまさにそれだ[★2]。参加者は信憑性を持って「本気です」と伝える機会を無料で二度与えられたのだ。このような実験でバラをもらえたら、贈ってくれた人が他のプロフィールよりも自分を選んでくれたことがわかる（同率一位がもう一人いるが）。悪い気がしないどころではないし、好意的に返答する確率は確実に高くなる。注目してもらいたいのは、この場合にシグナルが機能するのは何らかのコストがかかるからだ。参加者はバーチャルなバラを使うとき、きわめて重要な何か、すなわち他の人々に特別な関心を示すチャンスを手放さなければならない。それがシグナリングのカギであり、それこそチープトークを信頼性のあるトークに昇格させる要素だ。シグナルはコストを伴う場合のみ意味を持つ。

　通常のオンラインデートでは、最初のデートにこぎつけるためにシグナリングを使うのがきわめて難しい。興味があるというシグナルを送っても信じてもらえる方法はまずない。すべてがチープトークだ。とはいえ最初のデートから、本気のシグナリングをスタートできる。たとえば女性は稼ぎの良い男性を好むことがわかっている（第9章を参照）。オンライン・プロフィール上でのたくさん稼いでいるという主張はどれもチープトークであり、信頼できない。年収一〇〇万ドルと主張し、財力を感じさせるようなセッティングで撮影した写真を投稿することもできる。誰も他人の年収を確認できないし、フォトショップという魔法のようなツールもあり、プロフィールが正確かどうかを見抜く方法はない。

　だが最初のデートは財力を実際に見せるチャンスだ。高級店に女性を連れて行き、伝票をさっと手に取るも良し、高級な洋服を着て、ＢＭＷで店に乗りつけるところをしっかり相手に見せるも良し（と書いているものの、私はこの手のテクニックには強くない。初デートの場所にはたいていコーヒーショップを指定するし、ジーンズをはいてスバルを運転していく）。

　もちろん最初の一、二回はおカネがなくてもあるフリをする（身の丈を超えた支出をする）こともできるが、それにはコストがかかる。このコストこそ**区別**、すなわち本物の金持ちとエセ金持ちとを見分けることを可能にするものだ。本当に稼ぎの良い男性だけが身の丈の範囲内で女性を感心させるほどの大盤振る舞いができるので、何回かデートを重ねると金持ちだという主張に信頼性が生じる。

シグナルとしての教育

マイケル・スペンスが最初にシグナリングという概念を説明したとき、オンラインデートはまだ発明されていなかったので、別の事例を考えねばならなかった。スペンスは教育に有用な効果が一つもない世界を想定した。そこでは大学が存在する唯一の理由は、社員を採用しようとしている企業が望ましい人材を見分けられるようにするためである。世の中に二つのタイプの人間しかいないとしよう。有能な人間と生まれつき無能な人だ。誰もが自分がどちらのタイプかわかっているが、有能な人たちがただ「自分は有能だ」と訴えても意味がない。第2章と本章の中で説明してきたとおり、そんなチープトークは何の証明にもならないからだ。だが雇うほうも有能な人材を見分け、より高いレベルの仕事を与えたいと考えている。

では、雇用主はどうやって誰が有能タイプかを見分けるのか。有能な人だけが大学を卒業できると想定しよう。有能ではない人も行きたければ大学に進学できるが、学習内容があまりにも難しく、卒業前にドロップアウトしてしまう。自分には能力がないとわかっている人は、さっさと大学を諦め、低いレベルの仕事を受け入れる。一方、有能な人たちは大学を卒業することによって、自らの能力を証明できる。大学では役に立つようなことは何一つ学ばないかもしれないが、雇用主に、才能があること、結果としてより高いレベルの仕事に適格であることを証明できる。

教育はチープトークの問題の解決策となる。有望な人材はただ有能であると主張するのではなくそれを行動で裏づける、すなわち教育にたくさんの時間とおカネを注ぎ込むことで本当に有能であることを証明できる。しかしこのシステムが機能するのは、二つの重要な条件が満たされた場合だけである。第一に、大学を卒業できるのは有能な人材だけでなければならない。有能ではない人も大学を卒業できると、彼らも大学に行って自分は有能だと主張することができてしまう。第二に、大学の学位は雇用市場における有能さの指標として、有効でなければならない。大学を卒業できるのは一部の人だけであっても、彼らが必ずしも優秀な従業員となる人材ではないと、システムそのものが崩壊してしまう。

私が最近ある会議で顔を合わせた中西部のセメントブロック会社のオーナー兼ＣＥＯは、教育の価値はシグナリングにあるという説を信じている人がまだ多少は存在することを示している。この人物は特定の役職に大卒の人材だけを採用する理由を、こう説明した。「大学の学位を持っているからといって、別に頭が良いことを意味するのではない。それは四年間たくさんの我慢をして、やり抜くことができたという証だ」。たぶんこのＣＥＯはマイケル・スペンスの名前など聞いたこともないと思うが、彼がシグナリングを説明する様子を見ればスペンスも満足だろう。教員である私自身は、シグナリングだけが大学の存在理由ではないと思いたい。学生が実際に大学で何かを学んでいると思いたい。ただシグナリングによって、大学（あるいは大学院や専門学校）に行くことの価値の何割かは説明できるかもしれない。

　セメントブロック会社のＣＥＯが直観的に教育のシグナリング的価値を理解していたのと同じように、コミック作家のデビッド・セダリスも入国管理手続きのシグナリング的意味合いについて、意外にもきわめて的を射た見解を語っている。「ニューヨーカー」誌に寄稿したエッセイで、セダリスはまず自分とパートナーが数年おきにイギリスの在留ビザを更新しなければならないことを嘆いている。[★3]「そのためにはクロイドンという陰気な町に行き、このうえなく長く絶望的な行列に一日中並んでいなければならない」

　こんな状況に置かれると、たいていの人はこのプロセスを残酷で不当なもの、あるいはお役所仕事というのが決まって非効率であることの証明ととらえるが、セダリスは一歩踏み込み、イギリス政府はシグナリングを実践しようとしているのかもしれないと指摘している。

「われわれは母国を離れ、別の国に移住するのは簡単なことだと思いがちだが、実際にはとても労力を要することであり、しかも意図的にそうなっている。どんな政府も怠け者をふるい落としたいのだ」

　教育や入国管理プロセスに当てはまるかどうかはさておき、シグナリングという概念はバーチャルなバラにはとてもしっくり当てはまる。デートサイトの男性ユーザーを、デートしたいと思っている女性（＝企業）に有能であることを証明しようとしている求職者と考えてみればよくわかる。サイトに登録している他の女性と比べて、この女性に特に興味を持っているわけだ。それをそのまま伝えても、彼女に対してそれほど興味を持っていない（それほど有能ではない）男性から送られてくるメッセージと違いのないものになってしまう。だから彼女を説得するには、何かとてもコストがかかること（貴重なバーチャルなバラを使うこと）をしなければならない。

シグナリングに効果はあるのか

それでは、韓国のサイトではシグナリングはうまくいったのだろうか。バーチャルなバラには何らかの効果はあったのか。フタを開けてみると、すばらしい効果があった。男性あるいは女性がデートを打診すると、通常相手が受け入れる割合は約一五％だ。しかしバーチャルなバラ付きで出されたデートの打診は約一八％が受け入れられた。これはバラを贈ることで受け入れ率が二割ほど上昇したことを意味する。「本当にお会いしたいです」と書いていたら、それほどの効果があっただろうか。おそらくなかっただろう。そんなメッセージなら参加者は誰にでも送ることができたからだ。

誰がどんな人からの申し込みを受け入れたか細かく見ていくと、信頼性のある申し込みをする手段としてのバーチャルなバラの重要性を示す証拠がさらに見つかる。具体的に説明すると、デートサイトの運用会社は特定の参加者の「異性から見た魅力」を定量化することができる。身長、年収、教育などの属性を追跡した過去のデータをもとに、どの参加者がモテるか、モテないかを判断するのだ。バーチャルなバラは、最も魅力的なカテゴリーの人にはあまり重要な意味を持たなかった。特に意外ではないだろう。もともと人気が集中することは予想できたのだから。一方、「魅力」が低いカテゴリーの参加者は、バラへの反応がはるかに大きかった。彼らにとっては、誰かに「本当に会いたい」とただ言われるだけではチープトークにしか思えない。

フタを開けてみると、バーチャルなバラの効き目が最も大きかったのは「魅力」が中程度のグループだった。このグループではバラ付きの申し込みを受け入れる割合が、バラのない申し込みのほぼ二倍だった。彼らにとって、信頼性のある方法で「格別魅力的だ」と言われることがとても大きな意味を持ったのだ。おそらく人生でたくさんのチープトークを聞かされてきたのだろう、誰かが裏づけのあるかたちで好意を示してくれることに価値を見いだした。別の表現をすれば、バラを贈った人物は他の相手にバラを贈る機会を諦めたのであり、贈られたほうはそれを意味のある投資と受け止めたのだ。バラを贈った人と贈られた人がそうではないカップルと比べて長続きする関係に発展したのかは非常に興味をそそられるところだが、それについては幸多かれと祈るしかない。

「本当にこの仕事が欲しいのだ」と伝える方法

雇用市場にバーチャルなバラはなく、それに不都合を感じる人もいる。雇用市場でシグナルを発することができなくて特に困るのは、何らかの理由で本当に就きたいと思っている仕事に対して条件が良すぎる人たちだ。

たとえば、まもなく一流のビジネススクールを卒業する予定で、どんな就職先でも選り取り見取りというボブのケースを考えてみよう。すでに投資銀行で数年の実務経験もあり、とても魅力的な条件でニューヨーク支店に復帰するオファーも受けている。しかしボブはオハイオ州シンシナティ育ちのシンディと結婚している。そして卒業後はシンシナティに移り、シンディの実家の近くに住みたいと思っている。また夫婦ともにやりがいのある仕事には就きたいが猛烈に働きたくはないと思っている。子供たちと過ごす時間を確保し、学校の行事を手伝ったり、サッカーのコーチをしたり、そしてもちろん空いた時間には経済学の本でも読みたいと思っている（経済学の本のくだりまではすべて実話である）。

ボブは企業規模の大小を問わず、シンシナティのありとあらゆる業種の会社に履歴書を送ってみる。自分のような若手管理職を雇えば、会社の成長を助けたり専門性の高いサービスを提供するのに一役買えるので、会社としてはかなりおいしい話だ、とボブは思う（実際そのとおりである）。しかしフタを開けてみると、履歴書を送った会社からはまったく反応がなく、自分を採用することに興味も示さないので、ボブは落胆する。

いったいなぜなのか。実はボブの履歴書を受け取った企業は、韓国のオンラインデート会社に登録する「魅力」が中程度の人とまさに同じ状況なのだ。人手も時間も限られているのだから、自分たちとは住む世界が違うような応募者と関わりあっても仕方がないと考える。ボブを採用できたらすばらしいが、こんな優秀な人材が自分たちの会社で働くはずがない、と。ボブが本気なら、相手に本気だと示すために何か行動を起こさなければならない。

ボブは困った立場に置かれている。履歴書に同封したカバーレターで自分が本当にシンシナティに移り住み、応募した企業で働きたいと思っていることを説明するなど、すでにチープトークは試してみたがうまくいかなかった。もっと過激な行動に出る必要がある。効果的なシグナルの二つの特性（これについては本章で繰り返し言及するので覚えておいてほしい）を兼ね備えた何らかの行動、すなわちボブ自身にとってコストがかかると同時に、シグナルの受け手が求めている特徴（このケースでは特定の企業に就職したいという強い意志）を備えていない人よりボブには簡単にできる、あるいは相手にとって価値がある行動だ。

残念ながらボブのニーズに見合うシグナルを考えるのはかなり難しい。何か本当に劇的な、たとえばしばらく無給で働くといったオファーをすることもできるだろう。しかしあまりに尋常ではない、あるいは必死な感じがするので、逆効果かもしれない。もう一つの選択肢は、良さそうな企業の一つを買収することだ。ビジネススクールの人脈や投資銀行での勤務経験を考えれば、おそらくうまくやれるだろう。だがそうすると企業のオーナーとなり、望んでいるような家族との豊かな時間を過ごすことは難しくなる。

一つ考えられるのは、就職を希望しているいくつかの会社の個別具体的なニーズについてたっぷり時間を割いてリサーチをし、そうした問題あるいは事業機会に対して自分の能力がどのように役立つかという詳細な計画書を送ることだ。それはボブにとってコストのかかることであると同時に、ボブが企業ニーズをうまく特定できるとすれば、企業にとって好ましい人材しかできないことをしていると言えるだろう。つまり優れたシグナルの特性を兼ね備えた行為となる。それでもリスクのある戦略であり、尋常ではないので奇異に見られるかもしれない。

経済学者の中にもこの問題に真剣に向き合い、「本当にこの仕事が欲しい」というシグナルを信頼性のあるかたちで送る方法を研究した人々がいる。残念ながらこれまでのところ、対象者はごくわずかな労働者、すなわち経済学者仲間に限られている。毎年秋になると、経済学の博士課程の最終学年にいる学生たちは、大学、政府機関などの雇用してくれそうな組織に応募する。応募したい組織にそれぞれ資料一式を送り、指導教授も彼らのために推薦状を送る。同時に経済学者はそれぞれの人脈を通じて、教え子を売り込んだり、採用を考えている学生について情報を集めたりする。こうして一部の応募者は超一流機関に好ましい候補と見なされ、他の応募者は二流あるいはそれ以下の組織にふさわしいといった具合に社会序列が決まっていく。

この仕組みは比較的うまく機能してきたが、昔から一つ問題があった。「シンシナティに就職したいボブ」のようなタイプにとって、二流あるいは三流の大学に本気で就職したいという意志を伝えるのが難しかったのだ。たとえハーバードの教員ポストをオファーされても、（出身地やライフスタイルの嗜好などによって）それほどの名門ではない学校のほうを好む、という場合である。

経済学者のアドバイスに誰かが耳を貸すとすれば、この市場をおいて他にない。そこで何人かの経済学者が集まり、解決策を考案した。アメリカ経済学会（ＡＥＡ）が新たなシステムを構築し、経済学者として就職先を探す学生は就職を希望する相手先に最大二件まで、プライベートなシグナルを送れるようにする、というのがそれだ★4。要するに求職者に二本のバラを贈れるようにしたのだ（とはいえ、この場合「バラ」というのはそぐわないので別の呼称を用いた）。

ＡＥＡはいくつか求職者にアドバイスをしている。貴重な二つのシグナルを最も就職したい二社ではなく、「あなたは気に入っているものの、相手から本当に採用できるのか疑問を持たれそうなところに送るように」というのが一つ。また求職者なら誰もが興味を持ちそうなトップクラスの雇用主にシグナルを送るのはムダである、とも忠告している。

シグナルはほぼもくろみどおりに使用されている。一流校の学生は特定の地域での就職を希望する場合や二流の雇用主を強く希望する場合などにシグナルを使った。採用する側はシグナルをきわめて真剣に受け取った。シグナルを付けて応募した学生が、面接にこぎつける確率は約二五％から三二％へと高まった。リベラルアーツ大学に応募した学生の場合、効果は一段と高かった。このような大学は一般的に経済学者にとって職場として魅力的ではないと思われているためだ。しかし経済学者の中にはリベラルアーツ大学の教育や小人数制を好む人も相当数おり、彼らにとってシグナルは本当にそこで働きたいという意思表示をする貴重な手段となった。

経済学者の雇用市場でシグナリングが成功したことは（そしてそれほど直接的ではないが韓国のインターネット・デートサイトの成功例も）、他の雇用主も応募者をふるい分けするのにシグナリングを活用できることを示唆している。近年グーグルに応募する人の数は毎週七万五〇〇〇人に達する。どう考えてもこれだけの履歴書をふるい分けするのは大変だ。多くの（おそらく大半の）応募者は、すてきな製品をつくっていることと魅力的な職場であること以外にグーグルについてはあまり知らないと見て間違いないだろう。有名な無料社員食堂のためだけに応募する人もいるかもしれない。グーグルはどうすればこれだけの履歴書をふるい分けする手間を省き、適性と十分な能力のある人だけが応募するような状況をつくり出せるだろうか。つまりグーグルは応募者にバーチャルなバラのようなものを使わせることができるのだろうか。

有効なシグナルの二つの条件をおさらいすると、グーグルのシグナリング・システムにはコストがかかり、最も有望な応募者だけが送ろうと思うようなシグナルが必要だ。さらに比較的有望な応募者は自分がそうだとわかる一方、望みのなさそうな応募者は応募を断念するようなものでなければならない。グーグルはシリコンバレーの高速道路沿いの看板に創造力を必要とするような難題を掲示するなど、こうした趣旨に沿った方法をいくつか試している。このような仕掛けは難題に答えられた人、それゆえに良い「グーグラー」（社内では本当にそう呼んでいる）になりそうな人に応募を促す効果がある。しかしまだ大量の応募があることから、看板だけでは不適格者に応募を思いとどまらせるのには不十分なのは明らかだ。

グーグルのような会社にとって一つの選択肢は、応募者から手数料を徴収することだ。最初は多くの人が腹を立てるだろうし、雇用主に関する従来の常識に反する行動であるのも間違いない。だがグーグルが応募書類を送った人から審査料として一〇ドルを徴収し、それを慈善事業に寄付したらどうか。履歴書の総量を減らしたいという会社の目的を達しつつ、広報面でもプラスになりそうだ。採用プロセスを通じて毎年数百万ドルを慈善事業に寄付した、と発表することができる。

グーグルの採用活動が相当なマーケティング効果を生んでいることを考えれば、シグナリングについてそれほど真剣に考える必要もないのかもしれない。しかし韓国のデートサイトの「魅力」中程度の参加者や、経済学者を採用しようとするリベラルアーツ大学のような立場に置かれている雇用主は多い。モンスター・ドットコムなどで人材を探すことはできるが、自社にふさわしく、入社を真剣に考えてくれそうな人をどうすれば見分けられるのか。企業が応募者にシグナルを送らせるのは難しいが、モンスター・ドットコムなら経済学者の雇用市場におけるシグナリングを簡単にまねすることができる。たとえばネット上に履歴書を投稿するユーザーに、毎月「お気に入りの採用企業」を一社選べるようにするのだ。そうすれば求職者は月一回、どこか一社にシグナルを送り、自分が本当に入りたいと思っていることを信頼性のあるかたちで示すことができる。

このシグナルが私のもくろみどおりに機能すれば、すべての当事者にメリットがある。今より良い仕事に移れる人も出るだろうし、企業は熟慮の末に自社に応募することを決めた人材を採用することができる。

共通願書はシグナリングをぶち壊しにする

オンラインデート市場は常に動いているが、大学への応募プロセスはもっと時間がかかり、厳格にコントロールされている。年一回、大学と高校生の間でマッチングの儀式が執り行われる。一部の人の振る舞いを見ていると、デートサイトで人生のパートナーを探すこと以上に重要なプロセスとも言える。バーチャルなバラがデートの世界やグーグルなどの人材を採用する企業にとって役立つのに対し、大学には伝統的にコストの高いシグナル、すなわち受験料として本当のおカネを徴収するという選択肢がある。

受験料を徴収するのは大学や大学院では一般的で、アドミッションオフィス（入学事務局）が大学にとって収益源となっていることも多い。受験料にはおそらく大学にとって何らかのシグナリング的価値があるのだろう。受験者は合格の可能性を考えるものであり、絶対に不合格となる大学に七五ドル払おうとはしないからだ。しかしトップ校の合格率がきわめて低いことを考えると、受験料は見込みのない受験生を諦めさせるほどには高くない（審査プロセスでは意外な結果が出ることもあるので、あわよくばと応募する学生も多いのだろう）。

受験料に加えて推薦状をもらう、エッセイを書く、書類に記入するなど出願に伴うコストは他にもある。共通願書制度（「コモンアップ」と呼ばれる）は大学出願プロセスの効率化を目的としている。一九七五年に一五の大学が導入して始まったが、広く普及しはじめたのはようやく最近である。共通願書制度の目的は「公平性」と「アクセス」だ。大学に出願した経験のある人なら、制度のメリットはすぐにわかるだろう。一度だけ必要事項を記入した文書を作成してしまえば、出願する大学に一つずつデータや情報を入力する必要がなくなる。

しかしコモンアップは**逆シグナル**であり、出願プロセスの非効率化につながりかねない。あらゆる大学出願者の時間と労力を削減することがなぜ非効率化につながるのかと疑問を持たれるかもしれない。だがコモンアップはどうやら大学出願を容易にしすぎてしまったようだ。大学ごとに重要な違いがあるとすれば、受験生は自分の興味に最も合致した学校はどこかを慎重に考え、出願の労力をそこに集中させるべきだ。

従来のシステムはそうだった。学生は出願する大学に今よりはるかに多くの時間や労力を割いた。そこには優れたシグナリング・システムの二つの条件がそろっていた。出願者がシグナルを出す（出願する）のにコストがかかり、また学生が本当に行きたい大学をきちんと選ぶことができれば、（一般論だが）シグナルはその学生に必要な能力が備わっている証となった。特定の大学に出願する過程では、なぜその大学に興味を持ったのか、今より突っ込んだ情報が伝えられた。それが今ではコンピュータのキーをいくつか余計に叩くだけで出願できてしまう。

　この制度の問題点は、最後までコモンアップを導入していなかったエリート校の一つであるシカゴ大学がこのほど採用を検討しはじめたことによって改めて浮き彫りになった。コモンアップの導入に否定的なある学生はこう書いている。「魂を蝕むような大学出願プロセスの中で、非共通出願（シカゴ大学の当時の出願制度）が私にとってどれだけ重要なものであったかはとても表現できない」。シカゴ大学を担当するあるアナリストは、大学は「個性的な」学生や「大学にふさわしい」学生を見つけることに注力すべきだ、と書いた。つまり出願プロセスでより多くのシグナルを学生に求めるべきだ、というのである。★5 シカゴ大学は最終的にコモンアップを採用したが、それを補完するものとして一風変わったエッセイ問題に解答することを求めており、（理論的には）それによって学生の興味や大学との相性を確認するとしている。

　現代社会における「逆シグナル」のもう一つの良い例が、フェイスブックでの誕生祝いのメッセージだ。かつては友人の誕生日を把握し、誕生日メッセージを送る（カードや少なくとも電子メールで）のには多少の手間がかかった。しかしフェイスブックがそれをぶち壊しにした。

　かつては毎週、フェイスブック上の友達のうち、その週のうちに誕生日を迎える人のリストがメールで送られてきた。今ではさらに進歩し、アイフォンが日々のカレンダーに誕生日を迎える友人を表示するようになった。そこで今日が友人の誰かの誕生日だとわかると、すぐにフェイスブックにログインして「お誕生日おめでとう」と書き込むか、相手のウォールに「いいね！」を押す。大勢から誕生日を祝ってもらえるのはすてきなことだと思うが、この新しいやり方は気に入らない。私に「お誕生日おめでとう」と伝えるのに、みんなが平均一五秒くらいしか使っていないことがわかってしまうと、嬉しさもぶち壊しである。メッセージが「hb」だけというのも一人や二人ではない。小文字のアルファベット二文字だけとは！　古臭いことを言うようだが、学生たちが受験する大学ごとに異なるエッセイを書き、お互いに誕生日を祝うために少しだけ労力のかかっていた時代のほうが私は好きだ。

とはいえ早めに出願すると優れたシグナルとなる

今日の大学受験生が活用できる最も重要なシグナリングのツールは、早期出願である。有力大学の多くは、受験生が一校だけしか出願できない早期出願期間を設けている。これは韓国のデートサイトのイベントでのバーチャルなバラや経済学者の雇用市場におけるシグナルと基本的に同じ効果がある。早期出願期間中は一校しか出願できないため、「ここが私の本当に行きたい大学だ」ということを信頼性のあるかたちで示すことができる。プラス面としては、これは大学にとって学生が適格者である可能性が比較的高いというサインになる。またもう少し皮肉な見方をすれば、大学が「歩留まり」（合格した出願者が実際に入学する割合）を高め、「USニューズ＆ワールドリポート」誌の大学ランキングでの順位を上げるのに役立つ。

どちらの解釈をとるにせよ、大学が早期出願というシグナルをかなり肯定的にとらえているのは間違いない。クリス・エイブリーとジョナサン・レビンの最近の研究[★6]によると、早期出願者の一流校の合格率は、一般の出願期間の二倍であった。特に優秀な学生は一流校に早期出願する傾向が高いのも一因だろう。しかし同じ条件（テストの成績、GPA〔成績評価指標〕などの変数）の学生を見ても、早期出願をしたケースでは合格の可能性は大幅に高まっていた。エイブリーとレビンが分析したすべての大学（アイビーリーグ校をはじめとする一流校のほか、ウィリアムズカレッジなどの名門リベラルアーツ大学）において、早期出願によって受験生の合格の可能性は約二〇～三〇％高まっていた。早期出願者の合格率は、SAT試験〔アメリカの大学進学適性試験〕のスコアが一〇〇点高い一般期間の出願者と同等だったのだ。エイブリーとレビンは早期出願の潜在的問題点として、大学側と学生側に拙速な意思決定を強制することなどを挙げている。ただ二人の研究成果は、大学出願プロセスにおけるシグナリングの重要性を明らかに示している。

シグナリングは高校中退者にも有効

アイビーリーグ校の出願プロセスというのは興味深い話題ではあるものの、大多数の人間にとってあまり関係のある話ではない。でもがっかりしないでほしい。教育におけるシグナリングというのは、一流大学に限った話ではないのだ。学業という評価軸では対極にいる高校中退者も、シグナ

リングを活用したほうがいい。ミルドレッドという女性の実例を紹介しよう。★7

ミルドレッドは一五歳のとき「もう学ぶべきことはない」「もう十分やっていける」と考え、高校を中退したという。数年後に出産し、息子には良い生活と機会を与えてやりたいと思った。しかし高校中退者には魅力的なキャリアの選択肢はない。二〇〇五年のデータを見ると、平均的な高校中退者の年収が一万七〇〇〇ドルであるのに対し、高校卒業者で大学に進学しなかった者の年収は二万七〇〇〇ドルとおよそ五割高い。★8 もっと上の階層へ移りたいと考えたミルドレッドは、高校中退者に許される唯一の打開策を採ることにした。つまり高校卒業程度認定資格（ＧＥＤ）を取得することにしたのだ。ＧＥＤがあれば高校卒業者しか応募できない仕事に応募できるようになる。

ＧＥＤの取得者がみなそれほど向上心旺盛なわけではないが、ミルドレッドはこの資格をテコに大学、さらには大学院に進んだ。今ではテキサス州刑事司法局の保健監督官として相当な年収を得ている。このようなキャリアを可能にしたのは、ＧＥＤというシグナルである。

ＧＥＤの取得者は他の高校中退者と異なり、教育水準では高校卒業者と同等であることを証明する試験に合格した人々だ。この試験は採用する側に二つのメッセージを伝える。第一に高校卒業者と同等の読み書き計算能力、そして科学や社会科学の知識を備えていることだ。こうした能力は多くの仕事において、その人物が必要なスキルを持っているという重要な指標となる。とはいえこれだけではＧＥＤが本章で述べてきたシグナルの特徴を備えているとは言えない。なぜならこうした能力には直接的な便益があり、ＧＥＤ取得者とそれ以外を区別するためだけに課せられたコストとは言えないからだ。

ＧＥＤによる二つめのメッセージは、取得者が主体的にこの試験を受け、合格するために必要な勉強をしたということだ。ＧＥＤを取得する直接・間接的コストはばかにならない[★9]。試験自体に約八時間かかり、受験者はまず試験センターを探し、必要書類に記入し、特定日の特定時間に受験しなければならない。さらに受験料も支払わなければならない。その金額は州によって異なり、ミルドレッドが受験したテキサス州では約一〇〇ドル、不合格になった科目の再受験にはさらに二〇ドルかかる。大金ではないが、高校中退者の多くにとってはおよそ些細な出費ではない。そのうえＧＥＤ試験を受ける人は、平均的に二〇時間以上の受験勉強をする。時間的な投資や準備講座に通う費用などは相当な追加コストと言える。

雇用主がコストのかかるシグナルととらえるのは、この二つめの要素である。おそらくＧＥＤに合格できる実力がありながら、わざわざ手間とコストをかけて受験しようと思わない高校中退者はたくさんいるだろう。大学や高校卒業者を雇う企業が主体性や向上心を重視するのであれば、ＧＥＤには有効なシグナルの二つの特徴が備わっていることになる。受験に要する時間とおカネを考えれば、コストがかかる。そしてこれだけの投資をする意欲がある者は、そうした投資をしない者と比べて雇用主や大学にとって価値が高い。

こう書くと理にかなっているようだが、ＧＥＤの取得者はそうでない人と比べて実際に頭がいいというだけの話かもしれない。そこで「ＧＥＤ取得者のほうが実際に頭がいい」「ＧＥＤはコストがかかり価値のあるシグナルである」という二つの見解のどちらが正しいのか見きわめる方法を考えたのが、経済学者のジョン・タイラー（第一〇代大統領とは別人）、リチャード・マーネイン、ジョン・ウィレットである。[★10] GED取得者と高校中退者の収入の差を、GEDの合格点の異なる複数の州で比較したのだ。この設定により、GEDを受けるために必要な受験勉強をした同じような能力の人を比較することができる。そのうち何人かは在住する州の合格点が高いために不合格となってしまっていた。

タイラーらの研究はいくつかの驚くべき発見をもたらした。シグナリングは若い白人の中退者には大きな意味がある。GEDの持つシグナルとしての価値によって、彼らの収入は二〇％近く増加している。しかしマイノリティにとってはシグナルが効果を発揮していることを示すエビデンスはまったくない。一見不可解だが、考えられる理由はある。GEDを取得するマイノリティには服役中の人が多いのに対し、白人のGED取得者に占める犯罪者の割合は低いのだ。このためGEDを取得したマイノリティは、「私が服役中である可能性はかなり高い」という意図せざるもう一つのシグナルを送っているのかもしれない。

初デートで札束に火をつける

GED、グーグルにおけるシグナリング、そして経済学者の雇用市場におけるシグナルなどは、韓国のデートサイトが採用したバーチャルなバラの背景にある基本的原理が他の場面にも当てはまることを示す好例と言える。

ここで再び、先に挙げた初デートで相手に好印象を与えるための数々の作戦に話を戻そう。一般的に、そして他の条件が同一であれば、デートサイトでは男性はおカネがあると主張するほど相手から好意的反応が返ってくる可能性が高まる。しかし何らかの方法によって本当にたくさんおカネを持っていることを相手に示し、チープトークを裏づける必要がある。

交際相手を探しているフィリップという男性がいるとしよう。マッチ・ドットコムのプロフィールには、さまざまな好ましい属性に加えて年収が高いことも記載している。ナタリーという女性と初デートの約束にこぎつけたので、実際にたくさんおカネがあることを何とか信じさせたいと思っている。会ってしまえば、ナタリーはフィリップの身長が申告どおりであり、またネット上のプロフィール写真が正確にフィリップの魅力度を反映していることを確かめられる。しかしフィリップが本当に言うほど金持ちなのか、あるいは自分をベッドに誘いこむためにそう言っているだけなのか、まだ疑っている。どうすればフィリップはそんな疑念を解消することができるだろうか（少なくとも、金持ちか否かについての疑念を解消するにはどうすればいいだろう？　「ベッドに誘いこむ」云々については私はあまり詳しくない）。

ある中国のアドバイザーは、結婚相手を探す若い女性にこんなアドバイスをしている。自分への関心と財力を示すシグナルを要求せよ、と。具体的には最初のデートでは男性のほうから女性のほうにわざわざ足を運ばせること、そして男性の腕時計、携帯電話、ベルト、靴をよく見ること。店のレシートを保存しておく男は要注意だ、と忠告している[★11]。

ナタリーがこのアドバイザーの忠告に従ったとしても、フィリップのほうがさらに上手で、財力のある証拠として直近の納税申告書を持参するかもしれない。とはいえ、これはかなり奇異な振る舞いなので、意図しているほど肯定的なシグナルにはならないだろう。もう一つ、間違いなく有効なシグナルではあるものの、同じように「この人まともかしら？」と思わせてしまう手段は、ナタリーとのデートで札束に火をつけることだ。たしかに奇異ではあるが、きわめて有効なシグナルだ。コストはかかるが、本当にシグナルが示すとおりおカネを持っている人にとってはそれほど負担にはならない。だから、おそらくナタリーはフィリップが本当に金持ちであると信じるだろう。ナタリーが型破りな行動や、煙や注目を浴びることをどの程度好むかによって、シグナルの効き目は変わるだろう。もしフィリップがもっと環境に優しい手法で同じ目的を遂げたいのであれば（これもまた変わった振る舞いだが）、ナタリーとのデートで彼女の選んだ慈善団体宛てに小切手を書くという手もある。

現実には札束に火をつけるという場面にお目にかかることはめったにない。バットマンの映画『ダークナイト』では、ジョーカーが共犯のマフィアに自分の目的が単なる金儲けではないことを示すため、山積みになったお札に火をつけた。映画の中ではシグナルとして大成功を収めたが、あまり現実的ではない。とはいえ人も企業も、特定のシグナルを送るために比喩的な意味ではしょっちゅう札束を燃やしている。

その一例が広告である。製品に関する情報を一切伝えない広告はたくさんある。企業は顧客に肯定的なイメージを与えるためだけに莫大なおカネを投じている。ただある意味では企業はこういう行動によって次のようなメッセージを送っているのだ。「当社にはすばらしい製品があるので、その事実をみなさまにお知らせするために惜しみなくおカネを使うつもりです。製品がとにかくすばらしく、必ずやみなさまが使ってくださり、会社としても投資が回収できるという確信があるからです」と。あるいはもっと簡単に言ってしまえば、企業はシグナリングをしているのだ。広告に無駄なおカネを使っているようだが、優れた製品や企業にとってシグナルの価値はそれ以上に高い。企業が質の低い製品の広告にたくさんおカネを使えば、消費者は製品を一度は試してみるかもしれないがリピート客はつかず、否定的な口コミが広がって将来的には顧客を減らすことになる。

広告をシグナリングによって正当化できるのは、顧客が製品を長期間にわたって使いつづけること、あるいは満足した顧客が口コミを他の消費者にも広げることを企業が期待できるときだけだ。顧客がどんどん変わる観光地の広告は、伝統的な意味で効果があるかもしれないが、シグナルとしての効果がない。質の低い会社も質の高い会社と同じだけのメリットを広告によって享受できるためだ。広告が品質のシグナルとして有効なのは、質の高い企業だけが広告から安定的な利益を得られ、質の低い企業はそれを期待できないときだけだ。たとえば車や購入頻度の高い食品の広告では、質の高い製品と低い製品との違いをシグナリングしたいという動機が多少なりとも働いているはずだ。

消費者に品質の高さをシグナリングする手法として、もっと直接的なのが保証制度である。広告とは異なり、保証制度は単に札束に火をつける行為ではない。自社の製品の質が高くなければ、札束に火をつけると約束するのだ。保証制度には優れたシグナルの二つの特徴がそろっている。コストがかかるが、その負担はシグナルを発信しようとしている高品質企業にとっては比較的軽い。

たとえば二つの自動車メーカーを考えてみよう。信頼性の高い車をつくるという定評があるホンダと、車はとびきり魅力的だがしょっちゅう修理店に持ち込まなければならないというマイナス評価のあるジャガーである。ホンダのほうがジャガーと比べて、充実した保証制度を提供するコストははるかに低いだろう。制度から発生する費用が少ないことが予想されるためだ。ジャガーは長期間にわたる包括的な保証制度によって社会的評価を変えようとすることもできるが、(もし世間の評判が正当なものなら) 保証制度を賄うには膨大なコストがかかる。

もちろん保証制度の大きな制約として、それを提供する企業が破綻してしまったらまったく意味がなくなることが挙げられる。シグナルを送るコストは、質の低い企業ほど低い。会社が保証契約を順守できなければ、保証制度は単なるチープトークになってしまう。

IPOでお金を燃やす

マッチ・ドットコムに魅力的な男性がやまほどいるのと同じように、すばらしい新技術を擁する若いスタートアップ企業もやまほどある。しかしマッチ・ドットコムにウソつきや育ちの悪い男もたくさんいるように、絶対にうまくいくはずのないバカバカしいアイデアや製品しか持たないベンチャー企業もたくさんある。つまりハイテク産業におカネを投資したいと考えている投資家は、マッチ・ドットコムを眺めている女性と同じ悩みを抱えているのだ。信頼できるのは誰か、負け犬は誰か、と。

これはベンチャー・キャピタリストや銀行家などの投資家を日々悩ませている疑問だ。投資家には、オンラインデート・サイトの利用者が持ち合わせていないたくさんの手がかりがある。開示資料や報道のほか、噂話を取り上げるブログもときに会社の内幕を伝えてくれる。また先ほど紹介したフィリップがナタリーに本当におカネがあることを証明しようとしていたのと同じように、本当に優れたアイデアのある会社や有望な会社の経営者は自分たちの可能性をなんとか周囲に伝えようとする。企業経営者が可能性を口で言うだけでなく行動によって証明し、自分たちに投資する価値があることを世の中に伝えるにはどうすればよいのか。

一つの手段が株式公開のときにお金を燃やすこと（より正確に言えばバラ撒くこと）だ。新規株式公開（ＩＰＯ）を控えた、似たような会社が二つあるとしよう。どちらもＩＰＯによってできるだけ多くの資金を集めたいと考えており、またどちらの経営者も自分たちの会社がどれほど有望であるか正確に理解している。一社のＣＥＯは自分の会社がいずれグーグルのような大成功を収めると確信しており、もう一社のＣＥＯはほどほどの成功を予想している。

大成功を確信しているＣＥＯには、売り出し価格を低く抑える動機づけがある。そうすることによって投資家に自らの質の高さ（および自分の会社の質の高さ）を示すのであり、その行為は将来再び資金調達をする際に報われるはずだ。二度と資金調達をするつもりがないのであれば、ＩＰＯの売り出し価格を低く抑えて質の高さをシグナリングするのはムダである。

一方、自分の会社がそれなりの成功しか収めないことがわかっているＣＥＯは、売り出し価格を低く抑えようとは思わない。将来会社の状況が良くなったら再び市場で資金を調達するという気がないのに、質の高さをシグナリングするのは割に合わない。将来もっと良いオファーを受ける見込みがないのだから、今回のＩＰＯでできるだけたくさんの資金をかき集めておきたいと思う。

リンクトインが新規株式公開を果たしたのは二〇一一年だ。公開初日に株価は二倍になった。公開直後にこれほど株価が伸びるのは、会社が本来付けられるはずの値段の半分で株式を売り出したことを意味する。二〇一一年五月一九日に取引が始まった直後に四五ドルでリンクトインの株を買った投資家は、その日の終わりに九〇ドル以上で売却することもできた。「ニューヨーク・タイムズ」紙のコラムニスト、ジョー・ノチェラは、これほどの安値で株を売り出したリンクトインは「銀行に騙されたのだ」と書いた。[★12]

しかし、リンクトインは自らの質の高さをシグナリングし、将来さらに高い株価で売り出すときにその恩恵を享受しようとしているのだ、と見る者もいた。同じ「ニューヨーク・タイムズ」の記者であるアンドリュー・ロス・ソーキンは数日後に、リンクトインの戦略をこう説明している。「リンクトインが今回売り出したのは会社のほんの一部、五パーセント強に過ぎない。だから今後株価が高水準にとどまれば、同社ははるかに多くの資金を調達できるだろう。経営陣が重視しているのはまさにそこだ」

一方、ソーシャルゲーム会社のジンガの命運はそれほど明るいものではなかった。株価は公開初日に下落したのである。おそらく経営陣も主幹事となった金融機関も、将来の有望さをシグナリングする必要性を感じず、かき集められるだけかき集めようとしたのだろう。公開時の株価に影響を与える要因はシグナリングだけではないが、この二つの事例を読むと、ジンガよりリンクトインのほうが前途有望に思えるのではないか。

ジンガは公開初日に意識的におカネをばらまくべきだったと言うつもりはないが、同社が将来の株式売り出しを見越してテーブルにおカネを残しておこうとしなかった事実から、株主は何らかのメッセージを読み取るのではないか。一般的には、私はどんな状況であっても札束に火をつけるのは勧めない。大切なおカネをとんでもなくムダにする行為だし、これ以上環境を汚す必要はない。しかし雇用市場、株式市場、大学の出願プロセス、そしてもちろんデートにおいて比喩的な意味でおカネを燃やすのは、自分の言うことが真実であると証明する優れた手段である。

第4章のおさらい

「シグナリング」とは……

白分の本気を相手に伝えるために、コストのかかるシグナルを送る行為。

経済学の大切な教え

自分に何らかの価値がある、あるいは有益な資質があるというシグナルを発するために、時間やおカネや労力をムダにするのが合理的な状況もある。ただ、そうした資質を持っていない人には、同じシグナルを発することができない、あるいはわざわざシグナルを発しようとしないという確信がない場合は、シグナルに投資するのはやめておこう。

「シグナリング」を研究する経済学者による実証研究の貴重な成果

高校中退者がGEDを取得するために時間や労力を投資すると、その過程で価値のあるスキルを獲得するという証拠がないにもかかわらず、資格取得に向けた苦労に対して見返りが得られる。

「シグナリング」の観点から言うと、恋人探しは……

大学への出願、雇用市場での他の人材との差別化、IPOのときの売り出し価格の決定、誰かに「お誕生日おめでとう」と伝えるのに通じるところが多い。

恋愛に関するアドバイス

自分におカネがあることを証明したければ、初デートで分厚い札束に火をつけよう。

第5章 ステレオタイプ 統計的差別

元妻と私は焦って離婚手続きを終わらせるつもりはなかったが、よりを戻すつもりもなかった。マッチ・ドットコムに登録した時点で、私は法律手続きを除けば完璧に離婚していた。そこでマッチ・ドットコムにプロフィールを書くときにはステータスを「別居中」として、最近別居したばかりで新たな出会いを求めているというシンプルかつ正直で、そして恐ろしく世間知らずの説明を加えた。

そのときの私は、「最近別居したばかり」という男性は次の三つのカテゴリーのどれかだという事実を考えてもいなかった。

タイプ1　デート市場の第一線に再参入することに胸を躍らせており、これまで会ったこととの

ないすてきな女性と楽しい時間を過ごしたいと思っているとびきり優しい男性

タイプ2 妻とよりを戻すかもしれない（さらに最悪なのはまだ別れてもいない）男性

タイプ3 結婚が失敗したことに怒りと苦々しさを感じている、絶望の淵にあるボロボロの男性

私はもちろん「タイプ1」でありたいし、とりあえずはそうであったと仮定しよう。しかしマッチ・ドットコムのプロフィールを眺めている女性たちには、世の中にあまたいる「タイプ2」、「タイプ3」の男性と私を見分けるすべはないのだ。しかもマッチ・ドットコムで恋人を探している女性は、別居中の男性が「タイプ2」か「タイプ3」である可能性はかなり高いと思っている。

当初のプロフィールに対する女性からの反応は芳しくなかった（中年の髪が薄くなりつつある経済学者という基準に照らしても）。女性に送ったメールの大多数は無視された。私の正直さには感謝するものの、経験から別居したての男性は新たな関係に向けた心の準備ができていないことを知っているので、そういう男性とは付き合わないことにしていると書いてきた女性もいた。また私のプロフィールを見るかぎり普段ならまさにデートしたいと思うようなタイプだけれど、別居中の男性と付き合うつもりはないので悩んでいる、と書いてきた女性もいた。彼女は私を慰めようと、一度も結婚したことのない男性とも付き合う気はないのだ、とも書いてくれた。それは誰かと長期的な関係を持つ能力がないことの表れだと思うから、と（「タイプ4」とでも呼ぼうか）。

この女性には柄にもなく浮ついたフォローアップメールを何度か送り、自分が彼女の別居中の男性に対する偏見には該当しないケースだと証明するために一緒にコーヒーを飲む約束を取り付けた。だが結局はデート当日の朝、こんなメールが送られてきた。「やっぱり別居中の男性とのデートは気が進まないわ。あなたの正直さに感謝します。幸運を祈るわ！」。ちなみにオンラインデートの世界で正直さを褒められても、なんの慰めにもならない。

一般の人は、女性たちは私の別居中というステータスについてのステレオタイプ（固定観念）にもとづく行動をとったと説明するだろう。それを経済学の専門用語で言うと、私は**統計的差別**の犠牲者となったのだ。別居中の男性とは交際しないという女性は、別居中の男性が好きではないから、あるいは別居中の男性が悪人だから差別しているわけではない。そうは言っても離婚した男性とは交際するのであり、その全員が一時は別居中というステータスを経験しているのだから。それでも別居中の男性を差別するのは、別居中であることと「タイプ2」や「タイプ3」であることを**関連づけて考える**ためだ。

ここで言う**差別**には、みなさんが一般的に差別と呼ぶもののような邪悪さはない。統計的差別の特徴は、特定の集団に対してなんの否定的感情も持っていないにもかかわらず、その集団に属する人に不利益な行動をとることであり、それが**嗜好にもとづく差別**との違いである。かつてアメリカ南部にあった黒人差別法は、嗜好にもとづく差別の一例である。こうしたルールを策定し運用した白人は、相手が黒人であるというだけの理由で黒人と交わることを拒絶した。

私のネット上のステータスに対する女性たちの反応が統計的差別と言えるのは、彼女たちが「別居中」というステータスを、嫌な資質を持っている可能性が高い相手を排除する手段として使ったためだ。私は差別の犠牲者ではなく情報不足の犠牲者だった。

この情報不足を私はいくつかの手段で克服しようとした。ウソをついたり、離婚していると主張することはできなかった（第2章のチープトークを参照）。そうする代わりに、マッチ・ドットコムのプロフィールには「まだ法律的には既婚者だが、それはあくまでも形式上の話であり、気持ちのうえでは離婚している」というただし書きを付けることで情報量を増やしたのだ。

二つめの対策として、情報量を減らすため、別のデートサイトを使うことにした。オーケーキューピッドである。オーケーキューピッドのプロフィールには婚姻関係を記入する欄がない。女性たちが私のプロフィールを見ても婚姻状態はわからず、直接尋ねるか（実際そんなことをした女性は一人もいなかった）、私が打ち明けるかしなければわからない。私はたいてい数回目のデートまでに相手に婚姻状態を説明するようにしていた。私が「タイプ2」や「タイプ3」でないことが伝わったタイミングを見計らいつつ、あまり先延ばしして隠していたと思われるのを避けたのだ。

私の数年前にデート市場に復帰した友人がいる。独り身になってから現場復帰するまでの時間は私よりやや長かった。三〇年以上連れ添った妻を亡くした男やもめというステータスによって、彼は統計的差別の恩恵を大いに享受した。とびきり話がおもしろくて楽しい男だが、いくつか健康上の問題があり、それに……まあマッチ・ドットコムのプロフィールに「体格が良くてたくましい」

と書くにはやや無理があるとでも言っておこう。それにもかかわらず彼のプロフィールは、「タイプ1」である可能性がきわめて高い人物であることを示唆していた。マッチ・ドットコムで女性に送ったメールにはほぼすべて返信があり、女性のほうから誘いのメールやウィンクが送られてくることも多かった。女性たちが彼について肯定的な先入観を抱いたためである。

統計的差別はどこにでもあり、誰もが影響を受けている

別居中というステータスに対する統計的差別によって、私にはそれなりの不利益が生じ、またデート相手の選択肢も狭まってしまった。しかし統計的差別がもっと重大なダメージをもたらす状況もある。よくある統計的差別の事例で、「タイプ1」に該当する人々が情報不足から「タイプ2」や「タイプ3」といっしょくたにされてしまい、容易に違いを示すことができないというケースを見ていこう。

●例1　他の地域では長時間ドアをロックしないまま運転するのに、貧困地域を通るときには車のドアをロックする人が多い。それは貧しい人自体に偏見があるためではなく、貧しい人と犯罪行為を働く可能性が高い人とを関連づけるためである。

●例2　二十代から三十代の応募者が多い職種で採用活動をする際、企業は女性より男性を採

ろうとする傾向がある。この年代の女性は子供を産むために退職や長期間休職する可能性が高いからだ。この年代の女性は男性と比べて一つの職場での平均在職期間が短いことを考えれば、企業にとっては完全に合理的な考え方である。しかし女性から見れば、特にまったく子供を産むつもりのない女性から見れば、きわめて腹立たしい話だ。子供を産む予定のない女性は、実際に子供を産むつもりの女性といっしょくたにされた結果、雇用主に魅力が劣るというレッテルを貼られてしまう。

●例3　男性も採用で差別を受けることがある。集団として女性よりも犯罪に手を染める可能性が高いためだ。また若く教育水準の低い男性は、以前より労働市場にとどまらない傾向があるため、雇用主が男性の非熟練労働者の労働倫理に対して否定的な先入観を抱くこともある。私がこのほどインタビューした中西部の中小企業オーナー（第4章のシグナリングで紹介したのとは別人）は、倉庫で働くスタッフを採用する必要があるという。その仕事にはあまりスキルは必要ないものの、一生懸命働くことと会社の倉庫から貴重な商品を盗まないことが求められる。なぜ倉庫作業で夜のシフトを設けないのかと尋ねたところ、オーナーはこう答えた。「倉庫で働く労働者の中で、一番優秀なのは子供を一人二人抱え、元亭主はグータラで働かないというシングルマザーだ。だが夜のシフトを始めたら、シングルマザーは集まらず、代わりにグータラ亭主のほうが集まってくる。だからシングルマザーに都合の良い労働時間にしておくほうが、優秀な人材が集まるのさ」。もちろん倉庫ですばらしい働き手となる男性の非熟練労働者もたくさんいるはずだが、この企業オーナーは彼らに対して統計的差別をしている。別に彼らが男性であることを重視しているわけではない。経験上、男性のほうがタチの悪い従業員である可能性が高いことを重視しているのだ。

●例４　二〇歳の男性の自動車保険料は、同じような運転歴で性別以外は属性の似ている二〇歳の女性よりも高いことが多い。二〇歳の男性にも運転がきわめて慎重な人はたくさんいるが、保険会社は彼らが運転する姿を見ないので、運転歴からだけでは具体的な運転スタイルについて十分な情報が得られない。平均的に二〇歳の男性は二〇歳の女性よりスピードを出し、また無謀な運転をするので、慎重な運転をする男性は統計的差別を受ける。保険会社が彼らに対して敵意を持っているわけではないのだが。

●例５　「人種的プロファイリング」は基本的に統計的差別である。高速道路のパトロールはマイノリティのドライバーに停止命令を出すことが多いと批判され、アラブ系の乗客は空港のセキュリティを通過する際に念入りに調べられることが多い。なかには嗜好にもとづく差別が含まれている可能性がある。警察官がマイノリティに敵意を持っており、職務権限を使って運転手に嫌がらせをするケースもあるかもしれない。しかし警察官がマイノリティに対して敵意を持っていなくても、あるいは空港のセキュリティ担当者がアラブ人に対して敵意を持っていなくても、（少なくとも何らかの実証的根拠にもとづいて）人種と自分たちがコントロールしようとしている行為（警察官の場合は犯罪、空港のセキュリティ担当者の場合はテロ）の間に相関があると信じている可能性はある。

いずれも合理的な統計的差別、あるいは「事実に反しない」ステレオタイプの例だ。ここに挙げた集団に属する個人にはそれぞれ個体差があるが、集団に対して人々が抱く先入観は現実の統計的相関にもとづいている。以上の例から明らかなとおり、統計的差別は私たちの身の回りで常に起きている。ただ**差別**という言葉に不公平で非難すべき行為というイメージがあるにもかかわらず、統計的差別の多くは許容されている。なぜ女性が別居中の男性に冷淡な振る舞いをするのは問題ないのに、空港や高速道路での人種的プロファイリングは声高に非難されるのか。なぜ消費者は性別にもとづく保険料の違いを許容するのに、採用活動で女性を統計的に差別することは人権侵害と非難されるのか。

両者の違いについては、二通りの説明があると思う。一つめはあまり経済学とは関係ない。単純に統計的差別の中には公平に思えるものとそうではないものがあるというだけの話だ。デート相手が多少限られはするものの、しばらく経てば「離婚者」のカテゴリーに移行するはずの別居中の男性に強く同情する人はあまりいないだろう。一方、自らのステータスを自分ではどうにも変えられない集団（女性、マイノリティ、アラブ系など）に対する統計的差別は、多くの人が不当と感じる。自ら性別を選んだわけではないのに、高い自動車保険料を徴収される男性には同情すべきだという意見もあるかもしれない。それでも人生において男性であることのメリットは割高な自動車保険料を補ってあまりあると思われているためか、あるいは男性も歳をとれば割高な保険料が請求されなくなるためか、性別によって自動車保険料を変えることに対する批判は比較的少ない。

統計的差別が許容されるか否かを決める二つめの要因は、**経済効率性**に関わるものだ。すなわち統計的差別によって社会全体が不利益を被るのか、あるいは一部の人が不利益を被る代わりに他の人々が得をするのか、という問題である。

たとえば政府が、性別にもとづいて自動車保険料を変えてはいけないというルールを設けたらどうなるだろう。保険料を安く抑えるために安全運転をしようという動機づけは従来どおり働く。若い男性はいくらか出費が減り、若い女性はいくらか出費が増える。これまで自動車保険に入れなかった男性が加入できるようになる一方、保険料が高すぎて入れなくなる女性が出るかもしれない。若い男性が得をするが、その分は若い女性が負担することになるコストと相殺され、保険会社の収益にはほとんど影響を及ぼさない。社会全体ではドライバーの数、事故率、保険会社の利益水準もほぼ変わらないだろう。

一方、男女取り混ぜた複数の二十代の応募者から社員を採用しようとしている会社のケースを考えてみよう。採用担当者が同じような条件の女性より男性のほうが長く勤めてくれそうだからと考え、男性を採用したらどうだろう。当事者への直接的影響はゼロサムである。仕事を得られる男性は得をし、選ばれなかった女性は損をする。

影響がそれだけであれば、不当ではあるが非効率とは見なさない。良い影響と悪い影響の釣り合いはとれている。だが、採用されなかった女性を数年前の学生時代に戻してみよう。自分の職業上の資質について雇用主が性別にもとづいて否定的な先入観を持つかもしれないので、キャリアの可能性が限られているということがわかっていれば、大学でそれほど懸命に勉強しないかもしれないし、そもそも大学にも行かないかもしれない。つまり大学に行くという投資に対するリターンが低いことが予想できれば、投資を抑えるだろう。女性が雇用主に対し、自分は働き続ける意思があると信頼性を持って説得できれば実を結んだかもしれない投資をしないことになる。女性も損をするが、経済全体にとっても損失である。女性が自分はもちろん社会全体にも恩恵をもたらすような投資をしなくなるのだから。

法律と法廷は一部の統計的差別を許さない

統計的差別の中には公平性と効率性を損なうことから、違法とされるものもある。人種的プロファイリングを禁止するために司法省の市民権局が策定した指針を説明する際、ジョン・アシュクロフト司法長官は公平性（人種的プロファイリングを「間違っている」とした）と効率性（人種的プロファイリングは「国民の警察に対する信頼を損なうことで警察活動を弱体化させる」と述べた）に触れた。★1

雇用市場における統計的差別は、一九六四年公民権法（第七編）で「雇用主は採用、解雇、昇進などで従業員や従業員候補を差別してはならない」として禁じられている。雇用機会均等委員会

（ＥＥＯＣ）はこの方針には嗜好にもとづく差別だけでなく、統計的差別も含まれることを明確にしており、差別的行為の定義に「特定の性別、人種、年齢、宗教、民族に属する個人の能力、特性、業績に関するステレオタイプや先入観にもとづく雇用判断」を含めている。[★2] 注目したいのは、このルールは先入観やステレオタイプに正当な根拠があるか否かの区別をしていないことだ。つまり、たとえ集団による差異に統計的データによる裏づけがあると思っていても、雇用主は統計的差別をしてはならないのである。

企業にはこうしたルールをすり抜ける（その結果、統計的差別を実施する）手立てもある。たとえば一部の求職者を排除する方法として、特定の集団に属する人を、他の集団に属する人より応募しにくくするような採用条件を設けるというのがある。企業には犯罪歴のある求職者を締め出す自由があるが、それは結果として女性より多くの男性を排除することになる。特定の重さの荷物を持ち上げられることを採用条件に含めれば、男性より多くの女性を排除することにつながる。あるいは採用条件に大学の学位を持っていることを含めれば、白人やアジア系アメリカ人よりも相当多くのアフリカ系アメリカ人や先住民を排除することになる。とはいえ採用条件が本当に必要なケースとそれが統計的差別という一線を越えてしまうケースの境目はときに微妙であり、**差別的影響**をめぐる重要な訴訟の原因となってきた。

とりわけ有名な一九七一年の「グリッグス対デューク パワー カンパニー」裁判では、最高裁判所が、企業が従業員のうち特定の集団に差別的影響を与えるような採用方法を用いることは認められないという判決を出した。デュークパワーのノースカロライナ州ドレーパーの発電所では一九六四年に公民権法が成立するまで、特定の職務を高校卒業資格のある白人従業員に明確に限定していた。一九六五年にアフリカ系アメリカ人がそうした職務に就くことを禁じるのはやめ、差別的方針に終止符を打った。しかし原告は、高校卒業資格という要件が残っていたのでアフリカ系アメリカ人への差別は継続していると主張した。高校卒業資格がなくても職務にふさわしい能力のある人材はたくさんいること、候補者となるアフリカ系アメリカ人のうち高校卒業資格を持っていた人の割合が少ないことが論拠だ。

つまり原告は、統計的差別は誤った前提（あるいは「高校卒業資格のない候補者はそうした職務への適性が低い」という不正確なステレオタイプ）にもとづいているため、認められるべきではないと主張したわけだ。裁判所はこの主張を認めた。特に注目したのは、高校卒業資格を有することと職務遂行能力の明確な関連性を示す根拠がなかったことだ。判決は職務要件の「業務上の必要性」を示す責任を雇用主側に課した。

オンラインデートの世界における「別居中」の男性という集団を、雇用差別法の下で保護されている集団と同じようなものと考えれば、女性たちが交際相手を探すときに婚姻状態を考慮するのは違法ということになる。その場合、女性たちは「タイプ1」を「タイプ2」や「タイプ3」と区別する別の方法を考えるかもしれない。たとえば妻と別れて以降、誰かと真剣に交際したことのない男性とは付き合わないと宣言する手もある。しかしグリッグス裁判の差別的影響の論理がオンラインデートの世界にも当てはまるとすれば、女性たちは離婚後に誰かと交際することが「タイプ１」の男性を見きわめるうえで本当に有意な要因であることを証明できなければ、この選別方法を使ってはいけないことになる。ただほとんどの当事者にとってありがたいことに、最高裁はこのような案件には首をつっこまないので、別居中の男性は自力でなんとか切り抜けるしかない。

統計的差別は賃金に影響を及ぼす

私の経験が典型的なケースだとすれば、別居中の男性は離婚あるいは死別した男性と比べて、オンラインデートの申し込みに対して色よい反応をもらいにくい。これは教育水準や職務経験などの差異を考慮しても女性の平均収入が男性より依然として低いという現実に通じるところがある。男女の賃金格差がどの程度統計的差別に起因するものかを証明するのはきわめて難しいが、統計的差別が格差の重要な要因である可能性は高い。すでに述べたとおり、女性の平均的な在職期間が他の条件が同等な男性と比べて短いという事実が原因で、一部の企業は男性を採用したいと考える。ただ企業には賃金を使ってこの問題を解決するという選択肢もある。状況が許せば、同じ条件の男性より女性の賃金を低くするのである。

特定の女性について仕事を辞める可能性が高いとわかれば（子供を産むつもりがあるか、夫が転勤の多い仕事に就いていないかといった要因をチェックした結果、こうした結論に達したとする）、男性との賃金格差を大きくするだろう。しかしこのような情報を集めるのが困難な状況では、すべての女性に対して男性より多少低い賃金を提示するようになる。

この手の差別をすると女性が労働市場に入る前から影響が出ることはすでに説明したとおりで、しかも影響は自己増殖するのでかなり大きなものになりかねない。しばらく会社勤めをしたら退職して子供を産む可能性が高いと思っている女性は、学生時代も熱心に勉強しない傾向がある。企業の行動を予測したうえで女性たちが下す選択の結果、本当に彼女たちの能力は（平均して）低くなる。これはすべての女性にとって都合が悪い状況だ。どんな教育を受けるかにもよるが、女性たちは男性たちよりも教育水準や生産性が低くなってしまうからだ。

その結果、なんとしても会社で長く勤めようと思っている人も含めて、すべての女性が二つの理由から差別されることになる。第一に、長期間仕事を続ける意思があることを証明する手立てがないという直接的問題がある。第二に、与えられたインセンティブに合理的に反応した結果、労働市場に入るための準備をおろそかにする女性がいるため、すべての女性が労働者としての訓練がおろそかだと推定されてしまうという間接的問題がある。

賃金制度を工夫することで、こうした問題を解決できる場合もある。たとえば男性も女性も平均的に在職期間は同じだと想定しよう。しかし求職者のうち、男性の意向のほうが女性の意向より予測しやすいとする。話を具体的にするために、すべての男性はきっかり一〇年勤務し、女性の半分は二年で子供を産むために会社を辞め、残りの半分は一八年勤務するとしよう。雇用主は実際に女性が辞めるまで、どの女性がすぐに辞めるタイプか識別できない。

この場合、会社は単に報酬をかなり年功序列的なものにすればいい。すぐに辞めてしまう女性は比較的報酬は低く、長く勤める女性は在職期間の後半に行くほど報酬が増え、男性は一様に想定どおりの報酬を受け取るという具合に。男女が同じだけ稼げるような年功序列的な報酬制度にしつつ、会社としても男女どちらを採用しても不都合はない。ただこの仕組みの下でも、どの程度の教育を受けるか決めなければならない段階で将来子供を産むかどうかはっきり決めていない女性は、教育への投資を抑えて将来のキャリアが制約される状況を自ら招いてしまう可能性が高い。

たとえ採用する時点でステレオタイプに頼る会社でも、入社後にそれぞれの人となりがわかった時点で改めて評価を下すはずだ（オープンマインドな会社であれば）。つまり会社は従業員について「学習」するのである。経済学者のジョセフ・アルトンジとチャールズ・ピエレットの興味深い研究[★3]によると、企業は従業員を採用するとき、教育水準にもとづく推定をする（統計的差別をする）。しかしその後、学歴から想定される以上の働きぶりをする者が出てくる一方、その逆のケースも出てくると、会社は個人の能力に合わせてキャリアの軌道を修正する。データからは、従業員の生産性の指標として学歴より業務成績の比重が高まっていくにつれて、賃金はより分散していくことが示されている。アルトンジとピエレットは、学歴が次第に賃金の指標として有効性を失っていく一方、入社当初は雇用主にわからない能力の指標（ＩＱテストの結果など）の賃金との相関が高まっていくことを示し、企業が統計的差別をしているという強力なエビデンスを提示したのだ。

雇用市場において、自らの本当の能力を証明するまで市場にとどまった人については統計的差別が徐々に解消していくことを示している点で、この調査結果は朗報と言える。オンラインデート市場においても統計的差別によるマイナスの影響は徐々に解消していくが、その理由はまったく異なる。別居中の人々は一般的に、ある時点で離婚者に変わるためだ。

統計的差別はモノの値段にも影響を及ぼす

製品市場における差別についても、近年非常に興味深い研究がたくさん発表されている。たとえばイアン・アイレスとピーター・ジーゲルマンは人種や性別の異なる「お客」を自動車ディーラーに送り込み、新車購入の交渉をさせた。その結果、提示される金額は白人男性のほうが白人女性よりも低く、アフリカ系アメリカ人と比べると格段に低いことがわかった。

ただこの違いがディーラー側の嗜好にもとづく差別によるものか、統計的差別によるものかはわからない。白人男性が安い値段をオファーされたのは、ディーラーがアフリカ系アメリカ人と交渉するのを嫌がり、高い見返りによって報われなければ取引したくないと考えたためかもしれない（これは嗜好にもとづく差別だ）。あるいはアフリカ系アメリカ人はきっと交渉が下手なので、高い値段をふっかけて利益を搾り取ろうと思ったのかもしれない（それは誤った推定にもとづく統計的差別と言えるだろう）。

最近の三つの研究は、一般的な製品市場における交渉で嗜好にもとづく差別と統計的差別を見分ける優れた仕掛けを取り入れている。ジョン・リストはまずアイレスとジーゲルマンが行ったものと同じような実験をした。人種、性別、年代の異なるお客を、自動車ディーラーの代わりにスポーツのお宝グッズの見本市に送り込み、元大リーガーのケン・グリフィーの野球カードを買わせたのだ。同様に売り手サイドの調査も実施した。属性の異なる集団のメンバーが同じ野球カードをいくらで売ったかを比較したのだ。

結果はアイレスとジーゲルマンのものとよく似ていた。交渉相手から最も良い扱いを受けたのは白人男性だ。最初にオファーされる価格も、交渉の結果最終的に提示される価格も最も安かった。

スポーツカードを売買する人たちが何らかの差別をすることを確認したうえで、リストは彼らを研究室に招き、嗜好にもとづく差別をするかどうかを見きわめるためのさまざまな実験を行った。嗜好にもとづく差別が観察されやすいさまざまな状況を設定し、偏見を示す人がいたとしても（リスト自身も含めて）誰にも個人を特定できないようなやり方で複数の実験が行われた。しかしマイノリティに対する敵意を示すエビデンスは一切確認されなかった。つまりカードのトレーディング見本市で観察された行動は、マイノリティは欲しいカードには高い値段を支払う、あるいは売りたいカードは安い値段で売るという予測にもとづく統計的差別であることが示唆されたわけだ。

リストの研究の一つの限界は、カード見本市の参加者の数が限られ、経済全体を必ずしも反映していないことだ。もう少し大きな市場に目を向けた最近の研究が二つある。

アサフ・ザスマンはユダヤ系イスラエル人（イスラエル国民の大多数を占める）のアラブ系マイノリティに対する差別を研究した。イスラエル最大の個人広告サイトに車を売るという広告を載せていた八〇〇〇人のユダヤ人に、それぞれ二通のメッセージを送ったのだ。二通とも内容はほぼ同じだったが、一通の差出人は「モシェ（明らかにユダヤ系の名前）」、もう一方は「モハメッド（明らかにアラブ系）」とした。どちらのメールも、広告に書かれていた売り値より多少低い価格を提示していた。その結果、差別が存在する相当なエビデンスが得られた。ユダヤ系の買い手に対する返答率は、アラブ系の買い手に対する返答率よりはるかに高かったのだ。売り手が返答する割合は、広告どおりの価格を支払うとオファーしたアラブ系の買い手と、広告より五〜一〇％低い価格を提示したユダヤ系の買い手でほぼ同等だった。

それからザスマンは車の売り手に一人ずつ電話をかけ、車の販売とは一見まったく関係のなさそうな、アラブ人およびアラブ人とユダヤ人の関係に対する考え方を尋ねる調査を実施した。車を販売した人たちは、車の販売とその電話調査に関係があることはまったく知らなかった（少なくともその事実は伝えられなかった）。ザスマンは個々の回答者の電話調査の結果と、車を購入するという買い手からのメールへの返答を比較した。

電話調査の回答者はいくつかの点でアラブ系住民に対する否定的姿勢を示し、特にアラブ系の人々は生まれつきユダヤ人より知力が低い、そして娯楽施設はユダヤ人とは別のものを使わせるべきだと答える人が多かった。とはいえ差別の度合いという点で、車の販売において示したような強い差別と相関性が見られた電話調査の項目は一つだけで、「イスラエルのアラブ系住民はユダヤ人よりごまかしをする可能性が高い」というものだった。

　つまりユダヤ人はイスラエルに住むアラブ人に対して否定的感情を表明するものの、モノを売買する際には、相手に騙されないことさえ確信できればそうした感情を抜きにアラブ人と取引できるということだ。つまりザスマンの研究は、ユダヤ人が取引をする際にアラブ人を差別するのはアラブ人が嫌いだからではない、彼らがごまかすと思っているからであることを示唆している。

　三つめの研究はアメリカでジェニファー・ドレアクとルーク・スタインが実施したもので、ここでもネット上の個人広告が使われた（地域情報コミュニティサイトのクレイグスリストやその類似サイト）。ドレアクとスタインはウェブサイトを通じて、三〇〇の異なる地域で新しいアイポッドを売るという広告を出した。広告の内容は販売する製品、価格をはじめ文字の部分はほぼ同一だった。違いは見せ方の部分だ。一部の広告の写真にはアイポッドを持つ黒人の手のひらと前腕が写っており、他には白人の手のひらとタトゥー入りの前腕、白人の手のひらときれいな前腕というパターンもあった。

　黒人の腕が写った広告に集まったオファーの数は少なく、提示された金額も低かった。この結果は（少なくとも部分的には）嗜好にもとづく差別に起因する可能性があるが、広告への返信を見ると、反応に違いが生じた原因は主に統計的差別であることをうかがわせる点がいくつかある。

　第一に、黒人の手の写った広告への返信は、タトゥー入りの白人の手が写ったものとほぼ同数だった。タトゥーへの否定的反応が嗜好にもとづく差別に起因する可能性は低いので、タトゥーとアフリカ系アメリカ人に対する同じような反応は統計的差別に起因する、というのがドレアクとスタインの解釈だ。第二に、オファーの差異が最も大きかったのはアフリカ系アメリカ人の住人が少ない地域、あるいはマイノリティによる犯罪率が特に高い地域であり、これは買い手がマイノリティに対して敵意を持っているというより、単に恐れていることを示唆する。

当然ながら、これは非常に考えさせられる研究成果だ。デートサイトで統計的差別を受けたのは残念だが、それ以外の場面では中年の白人男性である私は、周囲からの想定という点ではかなり恵まれているほうだと言えるだろう。「別居中」であることの代償は支払ったが、自動車保険料では得をするし、いずれアイポッドや車を手放したくなったら高い値段で売れるはずだ。

第5章のおさらい

「統計的差別」とは……

特定の集団に対して何の否定的感情も持っていないにも関わらず、統計的相関にもとづいてその集団に属する人に不利益な行動をとること。

経済学の大切な教え

たとえ差別する側にその集団に対する敵意がなくても、さまざまな場面で特定の肌の色、性別、年代、あるいは婚姻状態の人が差別を受けている。

「統計的差別」を研究する経済学者による実証研究の貴重な成果

車やアイポッドなどのモノを売買する際、われわれは取引の相手に対してさまざまな想定をし、それは人種や性差別など悪意ある感情とまったく同じ経済的影響をもたらす。

「統計的差別」の観点から言うと、恋人探しは……

自動車保険への加入、危険な地域に買い物に行くかどうかの意思決定、人種的プロファイリングに対する懸念に通じるところが多い。

恋愛に関するアドバイス

離婚協議はさっさと終わらせよう。

第6章

大きな魚か大きな池か

厚い市場と薄い市場

試みに、マッチ・ドットコムにログインして、私の自宅から一六キロ圏内に住んでいる四〇歳から五〇歳の女性をすべてリストアップしてみた。結果、四五四人が表示された。デート・ドットコムで同じことをすると、一三四人が表示された。どちらのサイトを選んでも同じだろうか？　どちらを選んでも十分な候補者がいそうである。

次に三つめの選択肢を考えてみよう。私はテニスが大好きだ。同じ趣味を持つ女性と巡り会えたらすてきだろう。そこでテニス好きの人たちの集まるテニスデート・ドットコムにログインして、カリフォルニア在住の四〇歳から五〇歳までの女性を検索したところ、該当者は五二人で、そのうち九人は自宅から車で一時間圏内に住んでいた。先の二つのサイトに比べれば候補者ははるかに少ないが、少なくとも全員私と共通の趣味がある。

続いてベジタリアンのフリをしてみた（実際にはベジタリアンではないが、しばらくフリをするくらいなら許されるだろう。「ビーガン」だと言ったらさすがにマズイと思うが）。私の自宅から三二キロ圏内に住んでいる四〇歳から五〇歳までの女性は二二人いた。*

そして最後に、ネットではなくて実際に女性と会ってみたいと思えばどんな選択肢があるだろう。幸い教育水準の高い人の多い地域に住んでいるので、近所には質の高い書店がいくつかある。どこでも常連客が集まり、フィクション作品について語り合う読書クラブを主催している。読書クラブというものに足を運んだことがないので、メンバー構成についてはっきりとしたことは言えない。しかし統計的差別の批判を恐れずに言えば、おそらく参加者の大多数は女性だろう。またおそらく足を運べば私が唯一の男性参加者となり、同年代の独身女性五人程度と会えるのではないか。

どの選択肢がベストだろう。マッチ・ドットコム、デート・ドットコム、テニスデート・ドットコム、あるいは読書クラブか？　この場合、規模は重要である。出会える女性が多いほど、当然私が良い相手を見つけられる可能性も高まる。数だけを見れば、四五四人と一三四人には大差ないように思える。普通にやっていてはとても一三四人全員とデートすることはできないし、四五四人など絶対に無理だ。ただデート・ドットコムではお酒を飲む人、喫煙者、大学を出ていない人、私の好みではない身体的特徴を持つ人を除いただけで一三四人から四八人まで候補者を絞り込むことができた。最初に見た三人は子供を産みたいと書いていたので除外した。次の女性は、私が避けようとしていた身体的特徴の有無について明らかにウソをついていた。その次の女性はスペリングがめちゃくちゃなうえに、プロフィールのすべての項目を「ええと……」という書き出しで始めていた。申し訳ないが、髪の薄くなりはじめた経済学者にも多少の好みはあるのだ。

とにかく私の言いたいことはわかっていただけただろう。最初に一三四人の候補がいても、メッセージを送りたい相手は最大でも（つまり「愛読書はエリザベス・ギルバートの『食べて、祈って、恋をして』です」という女性を含めたとしても）一〇人程度だ。これまでの経験から言って返信が来るのは一〇人のうち三人程度、そのうち最初のデートにこぎつけられるのは一人かもしれない。マッチ・ドットコムの「市場規模」が三倍であるという事実が俄然、とても重要に思えてくる。

女性の「供給」が重要であるのはすぐにわかるが、読書クラブの例を考えると「需要」もまた重要な要素であることがわかる。マッチ・ドットコムやデート・ドットコムで対象者を絞り込んでみたところ、私の興味のある女性はすでに別の男性に押さえられてしまったという可能性もある。一方、読書クラブでは、私は市場を独占できる。女性の選択肢は少ないが、男性のプレイヤーは私だけだ（少なくとも本の話題が続いている間は）。

＊ 作り話だろうと思われるかもしれないが、すべて事実である。専門性の高いデートサイトは FarmersOnly.com や Sugardaddie.com など他にもある。また使用するのは絶対によろしくないが、marriedsecrets.com を筆頭に既婚者同士を引き合わせるサイトも驚くほど多い。別の意味で「厚み」のある市場に興味がある人には largeandlovely.com をオススメする。

厚い市場のほうが良い相手が見つかる

「規模が重要」というのを、経済学者は**厚い市場効果**と呼ぶ。市場に選択肢が多いほど、買い手や売り手が良い取引相手を見つけられる可能性は高まる。こんなふうに考えてみよう。あなたはジーンズを買いたいと思っている。一時間しか時間がないとしたら、マンハッタンのミッドタウンと田舎町のどちらを選ぶだろうか。もちろんマンハッタンである。そのほうがジーンズを売っている店がたくさんある。一時間以内に単にジーンズが買えるというだけでなく、あなたの好みや予算にぴったりの一本を見つけられるだろう。

デートの世界における厚い市場もまさに同じだ。マッチ・ドットコムのほうがデート・ドットコムより選択肢は三倍もある。もちろんデート・ドットコムで最初に出会う女性が最高のパートナーかもしれない。何が起こるかはわからない。しかしマッチ・ドットコムで見つかるベストの相手は、デート・ドットコムで見つかるベストの相手よりも私にぴったりである可能性が高い。

同じように市場の規模が重要なのは雇用市場である。求職中のソフトウエア技術者のケースを考えてみよう。ソフトウエア技術者はどこでもひっぱりだこだ。不況下でも一般的にソフトウエア技術者には良い就職口が多い。カリフォルニア州サンノゼ大都市圏の中心部（つまりはシリコンバレー）とミズーリ州カンザスシティの人口はだいたい同じくらいだ。しかし他の条件が一定ならば、ソフトウエア技術者はカンザスシティにいるよりシリコンバレーにいるほうが良い仕事（技術者の能力に合致し、やりがいがある仕事）に就ける可能性が高い。

どちらの地域にもソフトウエア会社をはじめ技術者を採用する雇用主はいるが、シリコンバレーでは膨大な数の大小さまざまな企業が、考えうるかぎりの多種多様な仕事を技術者に提供している。一方カンザスシティでも雇用機会は多いものの、シリコンバレーの足元にも及ばない。比較的一般的な仕事をしたい、しかも企業規模や業種にはこだわりがないというソフトウエア技術者なら、どちらの地域で働いても変わりはないだろう。しかし、仕事の種類あるいは勤務先の種類にこだわりがあるなら、シリコンバレーのほうが良い就職先を見つけられる可能性は高い。特別なスキルセットや関心を伸ばし、活用する機会はシリコンバレーのほうが多い。カンザスシティですばらしい職に就いている技術者はたくさんいるが、平均的に、彼らの仕事の満足度はシリコンバレーの技術者と比べて少し低い。

経済学者のホイト・ブリークリーとジェフリー・リンは「厚い市場のほうが労働者の満足度は高まる」という説を裏づけるため、たくさんの人口調査を調べた。[★1] その結果、企業の密集した都市部で働いている労働者ほど業種や仕事を変えない傾向があることを明らかにした。つまりそうした地域で働く労働者は、おそらく大きな（厚い）市場で見つけることのできた仕事への満足度が高いため、仕事の種類を頻繁に変えないというのである。とはいえこうした効果が出るまでには、働きはじめてからしばらく時間がかかる。厚い市場では、若い労働者ほど仕事の種類を変える傾向が高い。

大きな市場ではより幅広い雇用機会がある利点を生かし、自らにふさわしい仕事を物色するのだ。ただひとたびそんな仕事が見つかると、そこにとどまる傾向が高い。

厚い市場では専門化が進む

このように規模は重要であり、他の条件が一定であればデートサイトは大きいほうがいい。しかし恋人探しにおいて、他の条件は一定ではない。私がテニスをする人、あるいはベジタリアンとしかデートしたくないという場合、デート候補の数がはるかに少ないテニスデート・ドットコムやベジーデート・ドットコムのほうがマッチ・ドットコムよりも良いかもしれない。ではゼネラリストになるか（マッチ・ドットコムを使う）、あるいはスペシャリストとなるか（テニス愛好者やベジタリアン専門サイトを使う）、どうやって決めればよいのだろう。

交際相手が特別な資質を備えていることに本当にこだわるつもりなら、専門型のデートサイトを選ぶべきかもしれないが、その場合は地元の市場規模も重要になる。たとえばある地域のベジタリアンの割合が五％だとしよう（大方の西側諸国ではだいたいこの程度だ）。その場合、絶対にベジタリアンとしか交際しないというベジタリアンは、本来交際が可能な相手二〇人のうち一九人を排除することになる。マンハッタン在住のベジタリアン男性の場合、この制約によって選択肢は相当限定されるが、身近に数百万人が住んでいる地域であることを考えれば、出会いの可能性がなくなるわけではない。この地域には独身のベジタリアン女性が相当数いるはずだ。一方、小さな町に住むベジタリアン男性は、ベジタリアンとしか付き合わないという方針を変えるか、あるいはパートナーに対する他の条件での妥協を余儀なくされる可能性が高い。要するに、テニスデート・ドットコムやベジーデート・ドットコムのような専門性の高いサイトは、特定の属性を持つ人が大勢いるような人口密度の高い地域のほうが有効な選択肢になり得る、ということだ。

同性愛者が都市部に集まっているのは、おそらくさまざまな要因が重なり合った結果だが、市場の厚みも間違いなく重要な要因の一つだ。推計値はいろいろあるものの、同性愛者であることを自ら宣言している人は人口の五％に満たない。このため小さな町に住んでいると、異性のパートナーを探すのと比べて同性のパートナー探しは大きく制約される。異性愛者のカップルの約七五％が都市部に住んでいるのに対し、レズビアンのカップルの八五％、男性の同性愛者のカップルの九〇％は都市部に住んでいる。異性愛者のカップルでは二人が同じ州の出身である割合が五割を超えるのに対し、同性愛者カップルのうち同じ州の出身同士がわずか三分の一であるというのも、同性愛者が厚い市場を求めることに一因がありそうだ。[★2]

人口の少ない地域に住むオンラインデート・ユーザーが「ゼネラリスト」であることを余儀なくされるのと同じように、人口の少ない地域でサービスを提供する事業者も専門性は低くなる傾向がある。医師がカンザス州エンポリア（人口二万四九一六人）で開業するケースと、カリフォルニア州パロアルト（数百万人が住む大都市部の一角）で開業するケースを考えてみよう。エンポリアにもたくさんの医師がいるが、皮膚科医はゼロ、整形外科医は二人しかいない。エンポリアの住民がそうした専門性の高い診療科の医師に診てもらいたければ、車で一時間以上離れたトペカかウィチタに行かなければならない。

エンポリアの市場には皮膚科医が開業するには十分な規模がなく、その結果エンポリアの住民も厚い市場から皮膚科医や整形外科医を選ぶことができない。一方、パロアルトの私の自宅近くにある医療機関には皮膚科医が一八人、整形外科医が一〇人いる（周辺の医療機関にもたくさんいる）。息子や私はそれぞれの肌荒れや骨折の状況に応じて、この二つの診療科の専門医に診てもらったことがある。エンポリアの住民もわれわれパロアルトの住人と同じぐらい骨折や日焼けをするはずだが、より小さな市場に身を置いているため、専門性の低い医師にかかるか、もっと厚い市場まで車で出かけて行かなければならない。

同じ原理は他の市場のスペシャリストにも当てはまる。経済学者のルイ・ガリカノとトーマス・ハバードは法律サービスの市場を分析した。[★3] 全米のデータを収集し、市場規模が大きいほど弁護士と法律事務所の専門性は高まることを発見した。つまりエンポリアとトペカはわずか一時間の距離であるにもかかわらず、エンポリアの典型的な弁護士はトペカの典型的な弁護士より幅広い法務サービスを提供している可能性が高い。別の見方をすれば、エンポリアでは逮捕されたり家を売ったり離婚したりするときはすべて同じ弁護士に頼るが、トペカではそれぞれの状況に合わせて専門の弁護士に連絡する可能性が高いということだ。

同じく経済学者の大野由香子は、市場の厚さが広範囲にわたってさまざまなビジネスサービスの専門化につながることを示した。[★4] 具体的には地域の市場に厚みがあるほど、企業は広告や経理といった業務をアウトソースする傾向が高いという。大きな市場ではこうした分野に特化した企業も生き残ることができる。一方、小さな市場では生き残ることができず、企業はこうした業務を自前で行わなければならない。

厚い市場は競争が激しいとは限らない

それでは再び、私はそもそもオンラインデートなどに足を踏み入れるべきか、あるいは単に他の男性が来ないところで女性を探すべきかという問題に戻ろう。地元の読書クラブは知的な女性たちと出会い、しかも競争が実質的にゼロという状況を提供してくれる可能性がある。たとえ理想の女性に出会えなくても、少なくとも本について実り多い会話が楽しめるだろう（正直に告白すると私はキャスリン・ストケットのベストセラー小説『ヘルプ──心がつなぐストーリー』を読んだし大いに楽しんだ。とはいえ、映画版を観に行くときには当時交際していた女性に頼んで、嫌々引っ張って行かれたフリをした）。

つまるところ、少なくともそのうちに相手が見つかる可能性という意味では、女性と出会うためにこの二つのプラットフォームのどちらを選んでも大差はないのだ。競争相手（つまりは他の男性）

は望ましい女性たちの集まるさまざまな場所を（リアルとバーチャルの両方で）移動するので、最終的にどの選択肢をとっても成功率はほぼ同等になる。

デート相手をどこでつかまえるかではなく、あなたが店を開こうとしており、どこでお客をつかまえようか考えているとしよう。当然、お客が集まるところに店は出したい。だからジーンズを買おうとしている人が田舎町ではなくマンハッタンで探そうとするのとまったく同じ理屈で、お店を開くのはマンハッタンにするべきだと思うのではないか。最初の店ならたしかにそれが正解だろう。しかし利益が出ると思えば出店し、赤字が出ると思えば閉店する自由があるなら、それぞれの店が出店、閉店、移転を繰り返し、最終的にどこで営業しても収益性は変わらなくなるだろう。

たとえばあなたが一九八〇年代に、新しい照明の店を出す場所を考えていたとしよう。当時ロワー・マンハッタンのバワリー街に「照明通り」と呼ばれる一角があった。[★5] 通りを歩くと照明の専門店がこれでもかと並んでいて、びっくりしたのを覚えている。照明器具が必要な人はそこに行けばとびきり厚い市場があるのを知っているので、みんな訪れたものだ。

このため照明店を開こうとする人は、この競争は激しいが大きな市場を選ぶか、あるいはアッパー・ウエストサイドなどに店を出して近隣で唯一の照明店になるかという選択を迫られた。本章タイトルの比喩を使えば、店を出そうとしている人は小さな池の大きな魚になるか、大きな池の小さな魚になるかを決めなければいけないということだ。長期的に見れば照明店の出店や閉店が繰り返されるので、バワリー通りに相変わらずたくさんの店が集まっていても、マンハッタンのどこで営業しているかにかかわらず照明店の収益性はほぼ等しくなるはずだ。

しかし照明器具では別の厚い市場が台頭したために、照明通りの市場はこの間すっかり薄くなってしまった。かつては短時間でたくさんの照明器具を見てまわるには照明通りを訪れるのが一番便利だったが、今では同じことがインターネットを使って自宅でできるようになった。この変化や他の要因もあって、照明通りの専門店の数はここ一五年でほぼ半減した。

裏づけとなるたしかなデータはないが、照明通りのエピソードからはインターネット・デートの台頭は、独身者向けのシングルズバーには痛手であることが推察される。独身者にとって最も厚みのある市場がインターネットに変わったことで、プレッシャーを感じているバーもあるだろう。

店を開くべき場所は？

経済学にまつわることは何でもインターネット・デートの事例で説明したいところだが、一九二九年にスタンフォード大学の数学者、ハロルド・ホテリングが研究をしていた頃にはこの市場は存在しなかった。ホテリングは経済学者の縄張りを侵食し、競争に関する古典的論文を書いた。[★6] 架空のシナリオにおいて、店はどこに開業すべきかを考察したのである。

ホテリングが想定したのは、地点Aから Bまで続くまっすぐな遊歩道《ボードウォーク》だ。屋台でアイスクリームを売っている店主が、ボードウォークのどこで営業しようか思案している。遊歩道の人の流れはほぼ均一であり、アイスクリームを食べたいと思った人は一番近い屋台に向かうと想定しよう。屋台が一つしかなければ、どこで営業しようがあまり関係ない。ボードウォークにいるすべてのお客は彼の屋台に集まってくるのだから。

では屋台が二台だったらどうなるのか。それぞれがボードウォークの両端に陣取り、市場を折半すればいい、と思うのではないか。ただそうすると、それぞれには自分の屋台を少しだけ中央に寄せようとするインセンティブが働く。そうすれば最初に店を開いた端っこあたりの市場を確保しつつ、中央付近の市場でわずかに多くの顧客をつかまえることができる。結局、両方の売り手に屋台を構えた場所にとどまろうというインセンティブが生まれるのは（経済用語では唯一の**均衡点**）、両者がボードウォークのど真ん中で背中合わせに屋台を設置したときだけである。市場を折半できる売り手にとっては問題ないが、売り手が多少離れているときよりも移動しなければならない距離が増えてしまうお客には迷惑だ。

そこへ三つめのアイスクリーム屋台が登場すると、さあ大混乱である。売り手が三人以上いると、全員が満足する配置は絶対に見つけられなくなる。少なくとも一人は、もっと多くのお客をつかまえようとひたすら移動しつづける。屋台をひきずってひたすらボードウォークを走りまわるアイスクリーム屋の姿を想像すると笑ってしまうが、ネット上と現実世界のデート市場で相手を探しまわる人々のたとえとしてはあながち的外れではない。読書クラブに行く女性が増えれば、男性も読書クラブに興味を持ちはじめる。しかし読書クラブに行く男性が増えすぎると、何人かは手を引いてシングルズバーでチャンスを見いだそうとする。そんな具合に一人ひとりがもっと厚い市場を探そうとする過程で、一人ひとりが市場の厚みに影響を与えることになる。

原材料の産地近くに陣取る会社もある

幸い、世の中の企業の多くはアイスクリーム屋台ほど身軽ではないので、顧客は売り手を探すのに時間を浪費することもない。たいていの企業は腰を落ち着けて、そこがお客を集めるのに適した場所であることを期待する。とはいえ企業が常に顧客の近くに拠点を構えるとは限らない。買い手がどこにいるかではなく、仕入れ先がどこにいるかにもとづいて立地を選ぶ企業も実は多い。

なぜか。読者のみなさんが参入するかもしれない三つの事業を例に考えてみよう。カーボンブラック、ワイン製造、そして絨毯の製造である。まずカーボンブラックは非常に重要な素材で、詳しい加工法はわからないがゴムやプラスチックの色づけと強化に使われている。[★7]たとえばタイヤやレーザープリンターのトナーなどにたくさん使われている。誰もが知らず知らずのうちにカーボンブラックを使った製品をよく使っているはずである。

では、カーボンブラックの製造会社はどこに拠点を構えているのだろうか。タイヤメーカーなどカーボンブラックを大量に使用するユーザーの近くと思われるかもしれない。しかしカーボンブラックの製造に必要な主要素材の一つが天然ガスであり、しかも天然ガスの大半は製造過程で燃焼させることから、輸送効率を考えればカーボンブラックは天然ガス産地の近くで製造し、製品が完成してから顧客に出荷するのが合理的である。その結果、カーボンブラックのほとんどがテキサス州で製造されている。そこに主要素材の厚い市場があり、メーカーの輸送コストが最小化できるためだ。

一方、ワインはさまざまな場所で製造できる。★8 ブドウ畑を買ってブドウを育て、醸造設備を整えればいいだけだ。事実アメリカ五〇州すべてで製造されている。最近、大学の同窓会でバーモント州の田舎にあるキャンパスを友人たちと訪れた際には、キャンパスと一番近い空港の間に複数のワイナリーがあるのを発見した。ただ、どこでも製造できると言っても、最高のワインは温暖で乾燥した気候で育ったブドウからしかできない、というのが通《つう》（私は違う。正直一本一〇ドルのワインとシャトー・ムートン・ロートシルトの違いすらわからないのだ）の一致した見解だ。つまりバーモント州でもワインはできるが、（テイスティングさせてくれたワイナリーを悪く言うつもりはないものの）最高のものはできない。ワインづくりにもっと向いているのはカリフォルニア州であり、結果的にアメリカワインの九〇％近くがカリフォルニア産である。このケースでは、市場の厚みはワイナリーの立地選択とはほぼ無関係だ。

カーボンブラックあるいはワイン製造については特定の立地を選ぶ正当な理由があるようだが、絨毯の製造はどうだろう。★9 普通の絨毯メーカーなら、「世界の絨毯の首都」、ジョージア州ダルトンに（あるいはその近隣に）腰を落ち着けるだろう。完成した絨毯は比較的低コストで出荷できる。しかも絨毯の流通経路がしっかり確立されているため、メーカーは買い手（当然、世界中の人の住むところに散らばっている）の近くにいる必要はない。ただ少なくとも絨毯製造の草創期には、製造業者には紡績工や仕上げ工が必要であり、その多くは独立業者だった。こうした職人が見つかる唯一の場所がダルトンだったのだ。

ダルトンが絨毯王国となった理由は、テキサスがカーボンブラックの、カリフォルニアがワインの中心地になったのとはまるで違う。単なる歴史的偶然だ。一九〇〇年頃、キャサリン・エバンズ・ホワイトナーという女性が、房付きのベッドカバーをつくった。簡単に言えばこれはフワッとした毛布なのだが、当時は誰も見たことのない製品だった。ホワイトナーはこの製品によって大成功を収めた。幸運なことに一九五〇年頃には、ホワイトナーのベッドカバーの製法が、近代的絨毯の製法としても最適なものと見なされるようになった。絨毯への需要が急激に膨らむなか、ダルトンでベッドカバーをつくっていた業者に好機が巡ってきた。町には豊富な人材がおり、フワフワな毛布の代わりにフワフワの絨毯をつくらせることができた。紡績工や仕上げ工も同じようにたくさんおり、毛布から絨毯への乗り換えができた。つまり絨毯メーカーは、自分たちに必要なモノの分厚い市場があったからダルトンに拠点を設けたのである。

ダルトンでの絨毯メーカーの集積を招いた類の歴史的偶然は、決して珍しくない。カーボンブラックやワインの例のように特定のタイプの企業が正当な理由があって特定の地域に固まるケースも多い反面、先駆的企業が特定の地域に腰を据えた結果、そこに人材や原材料の厚い市場が誕生し、業界の集積地になったケースも多い。

デトロイトが長年、自動車産業の中心地であったのは、ヘンリー・フォードがそこで事業を立ち上げたためである。[★10] 絨毯メーカーが毛布製造に必要な仕入れ先がたくさんあるためにダルトンで事業を始めたのと同じように、フォードがデトロイトで事業を始めた一因は、そこに馬車業界の仕入れ先が集まっていたためだ。同じようにシリコンバレーがテクノロジーの中心地となったのは、スタンフォード大学に技術教育における長い伝統があったため、ハイテク企業に最も必要な材料である技術系人材の厚い市場が存在していたためだ。

市場を厚くするには集団行動が必要な場合も

ここまで読めば、厚い市場では良い出会いが生まれ、また買い物も楽になることがおわかりいただけただろう。ただ恋人募集中の人がパートナーの候補には厚い市場を求め（マッチ・ドットコム）、ライバルはゼロ（読書クラブ）という状況を求めるのと同じように、企業も仕入れ先や売り先はたくさんあることを求める（天然ガス産地のカーボンブラックメーカーやバワリー街の照明店）一方、取引相手には自らを唯一のプレイヤーだと思わせたい。つまり企業はやまほどの顧客と仕入れ先を抱える独占事業者になりたいのだ。

個人や企業にライバルのいない市場を探そうとするインセンティブが働くために、市場そのものが薄くなりすぎてしまうケースは珍しくない。たとえば胃腸科専門医を採用したがっている病院があるとしよう。腕の良い胃腸科専門医を探すのは難しい。アメリカ中の病院では毎年三〇〇人ほどの胃腸科専門医が採用されているが、そのほとんどは研修医を終えたばかりの、初めて本格的に医者として働きはじめようとしている人だ。ここで就職先を探している胃腸科専門医の「店」があるとしよう。病院と医師が集まってきて、互いに最高の相手を見つけられる場だ。簡単に言えば、胃腸科専門医と病院のデートサイトと思ってもらえればいい。

ゼネラル病院（以下、ＧＨと呼ぶことにしよう）は働きやすい職場だが、就職希望者が殺到するような最高の病院ではない。そんなＧＨが取引の連鎖を一つさかのぼり、本当に腕利きの胃腸科専門医を「店」に並ぶ前に見つけられたらどうか。たとえばＧＨの胃腸科のトップが、別の病院で働く友人からアダムという優秀な若い医師がちょうど研修期間を終えようとしているという話を小耳に挟んだとする。そこでＧＨはアダムに接触し、「ぜひわが病院で働いてもらいたい。今承諾してもらえれば、良いポストを保証するし、わざわざ店に行く手間が省けるだろう。でも今日中にイエスかノーか答えてほしい。ノーと言うなら、店では買わないよ」と伝える。このずるいやり方は、さまざまな労働市場で**承諾期限付き内定**として知られる。もちろんアダムはこの申し出に魅力を感じるだろう。店で運試しをしても、もっと悪い条件の仕事しか得られないかもしれないのだから。そこでこのオファーを承諾し、店に出かけて買い手の厚い市場がどんなものか確かめることはしない。それでうまくいくかもしれないが、知らずにもっと良い選択肢を見送ってしまうかもしれない。

このような、店を迂回するような行動には二つ問題がある。第一に胃腸科専門医の「買い手」も

「売り手」もすべての選択肢を見比べることができないので、ベストより多少劣る相手と手を打ってしまうかもしれない。とびきり優秀な胃腸科専門医の中には、自らの技術を十分生かせない病院で働くことになる者もいるだろう。

第二に、市場が崩壊する可能性もある。レキシントン病院（以下LH）の胃腸科長も、アダムをGHに紹介した人物と知り合いかもしれない。そして「来年は胃腸科専門医を雇う必要があるから、早く動いたほうがよさそうだ。店が開くまで待っていたら優秀な医者は残っていないだろう。誰もがそれをわかっていて、早く動き出すに違いない。だから私も先回りしなくては」と考える。こうして気がつくと、アダムのもとには研修医になった途端にさまざまな病院から誘いの電話がかかってくるようになる。しかも誰もが今すぐ返事をしなければ別の研修医を雇う、と主張する。こうした圧力は若い胃腸専門医に拙速な判断を迫るだけでなく、お互いにとって望ましくない相手と組むという問題を一段と悪化させる。なぜなら病院のほうも、研修が始まって本当に優秀な医者になりそうな若者を見きわめられる前にオファーを出さなければならないからだ。

このような市場の崩壊は日常茶飯事だ。私は気まぐれに胃腸科専門医の市場を選んだわけではない。これは経済学者のアルビン・E・ロスが効率化のための仕組みを考案した数多くの市場の一つだ。ロスは胃腸科専門医と病院、判事助手と判事、腎臓提供者とレシピエント（それ以外の多様なケース）で最適な組み合わせ方法を研究した功績により、二〇一二年ノーベル経済学賞を受賞した。ミュリエル・ニエデルレとともに実施した胃腸科専門医に関する研究は[★11]、一九八六年から九六年にかけて病院が結束し、胃腸科専門医の情報センターを創設していた頃のほうが、市場ははるかに有効に機能していたことを明らかにした。具体的には胃腸科専門医の店をつくり、医師と病院がそれ以外の場所で取引することを禁じたのである。店が営業していた一〇年間は、胃腸科専門医の雇用流動性は高く、全国的な市場が形成され、意思決定のタイミングも遅かった。

だが不運なことに、新人の胃腸科専門医が不足した一九九六年にこの市場は崩壊した。突如として病院側は、店が開くまで動かないという約束を破る誘惑に勝てなくなった。健全な厚い市場は混乱に満ちた薄い市場に様変わりし、あらゆる関係者がダメージを受けた。要するに、デート市場で突然独身女性の数が足りなくなってしまったので、たくさんの男性が最初のデートでプロポーズして、「今すぐ承諾してくれれば結婚する。でも今夜イエスと言ってくれなければ、君とは二度とデートしない」と言いはじめたようなものだ。

同じようなかたちで崩壊する市場もあれば、関係者が賢明な判断をできるように仕組みをつくって崩壊を防いでいる市場もある。たとえば雇用市場が過熱しているときには、一流のロースクールやビジネススクールの卒業生を採用するのが難しくなる。そこで各企業は隙あらばこのようなトップスクールの新入生に入学初日に承諾期限付き内定を出そうとする。たいていの大学院はそうした行為から学生を守るため、企業が採用プロセスを開始できる時期を明確にして、学生が時間をかけてより多くの好ましい選択肢を検討できるようにしている。企業も大学院の機嫌を損ねたくはないので、相手の希望を尊重する。

厚みを持たせようとするさまざまな試みに頑として屈せず、崩壊を続ける市場の一つが控訴裁判所の判事助手の市場であり、アルビン・E・ロスとその共同研究者も徹底的に研究してきた。[★12]ロスらが提案した市場崩壊問題に対する独創的な解決策の一つが、判事助手に出されたオファーの一部を無作為に却下する、というものだ。却下するのがオファーを受けた当人かどうかわからなくすることで、断られた判事が機嫌を損ねないようにするのだ。ただロスらの提案の一部は取り入れられたものの、市場の様相は頑なに変わらない。判事助手の採用は学生がロースクールの二年目を始める頃、すなわち判事助手として働きはじめる二年も前に決まっている。

判事助手の市場の崩壊ぶり（そしてその理不尽さ）をあますところなく伝えるエピソードが、ロスらの調査に協力した回答者から寄せられている。「二回目の面接に向かう飛行機の中で、留守番電話経由でオファーを受けた。実際に判事が残した伝言は三本。一本目はオファーを出すため、二本目はすぐに返事をしろと言うため。そして三本目はオファーを撤回するため。すべて私が飛行機に乗っていた三五分間に録音されていた」。別の回答者はこう語っている。「（X判事の）助手から『学校の設定した解禁日にこだわりすぎている』と叱責された。私のロースクールの他の学生たちは解禁日前でも積極的に面接に応じている、と。本当に悩んだ。ズルをすべきか、判事助手になる機会を失うかの二者択一を迫られているような気がした」。どうやら判事は約束を守ることができず、公共の利益のために協力することもできないというのは本当らしい。

とはいえ本書の趣旨に照らすと、もっと重要なポイントがある。こうした判事の多くは、厚い市場では勝ち目がないことをわかっているのだ。だから早く動く。そうすると彼らに負けないように、他の判事も早く動かなければならなくなり、最終的に市場はとびきり薄く、無秩序になってしまう。そう考えると、私も次に読書クラブに行く際は多少早めに着くようにしたほうがいいかもしれない。

第6章のおさらい

「厚い市場」と「薄い市場」とは……

規模が大きな厚い市場ほど、買い手や売り手が良い取引相手を見つけられる可能性は高まる。

経済学の大切な教え

市場が大きいほど細かなニーズへの対応が可能になる。大都市ほど特別な需要に合う製品、特定分野に特化した医師や弁護士が見つかりやすい。

「市場の厚み」を研究する経済学者による実証研究の貴重な成果

大都市に住む人ほど、仕事の選択肢は多様になる。その結果、小さい町の住人と比べて若い頃は頻繁に転職をし、歳をとると同じ職場に長くとどまる傾向がある。

「市場の厚み」の観点から言うと、恋人探しは……

どこで買い物をするかやどんな医者や弁護士に頼るかを決めたり、照明器具を選んだりするのに通じるところが多い。

恋愛に関するアドバイス

ベジタリアンと結婚したければ、ニューヨークシティに引っ越したほうがいい。

第7章
マイナスイメージ
逆淘汰

ジェニファー・イーガンが「ニューヨーク・タイムズ」誌にオンラインデートについての巻頭特集を書いた二〇〇三年一一月当時、オンラインデートは急速に普及していたが、まだ比較的新しい概念だった。[★1] 記事によると、ネット上の恋人募集広告やデートサイトへの支出は過去三年で六倍に増加していたものの、誰もがこのような出会いの方法をすんなり受け入れていたわけではない。イーガンはこう書いている。「オンラインデートの利用については、まだ相当数の人がマイナスイメージを持っている。『どうにも恋人が見つからない魅力のない人間の危険な最終手段』という、多少弱まっているものの依然として存在する固定観念から、『自己アピールに長けた人向けのものか、いかの市だろう』というやや穏やかではあるがやはり否定的な感覚まで、その内容はさまざまだ」。

恋人紹介サービスは負け犬のためのもの、という認識はかなり以前からあった。少なくとも一九六〇年代初頭にコンピュータを使った恋人紹介サービスが登場した頃には存在していた。その先駆けとも言える会社は、こうした固定観念を真っ向から否定する広告を打ったほどだ。「コンピュータを使ったデートサービスは負け犬しか集まらないと思う人もいるようですが」と断ったうえで、利用者の一人がどれほど魅力的な人物かということを延々と説明している。

なぜ有料の恋人紹介サービスにはマイナスイメージがつきまとうのか。恋人募集中の人が二つの類型に分かれるとしよう。魅力的な人とそうではない人だ。魅力的な人は一般的に、職場や学校での出会い、あるいは友人に紹介されるといった普通の方法で恋人を見つけられる。一方、魅力的ではない人にはこうした方法は使えない。日常的に関わりのある人は彼らが魅力的ではないことを認識しているので、自ら交際したり、あるいは積極的に友人に紹介しようとは思わないからだ。魅力的ではない人が魅力のないことを自覚していたら、誰かと最初にデートをするときにこの事実を**隠された情報**にする。第2章で紹介したロジャーは、自分が魅力的ではないことをわかっていたので、当然それを大っぴらに言おうとはしなかった。

オンラインデートにマイナスイメージがある原因は、この隠された情報の存在だ。魅力的な人は従来型の方法でパートナーを見つけられるなら、デートサイトを使うのは魅力的ではない人だけになる。オンラインデートをするのは、自分が魅力的ではない類型の人間だと明らかにすることだ。極論すれば、自分が多少なりとも魅力的だと思っている人は、誰もオンラインデート・サイトに登録しようとは思わないことになる。オンラインデート市場は事実上崩壊し、魅力的な人は従来型の方法で恋人を探すことになる。

買い手はご用心――中古車を買うときも恋人を選ぶときも

隠された情報の問題は、もちろんデートの世界に限ったものではない。ジョージ・アカロフは隠された情報の問題、経済学の専門用語を使えば**逆淘汰**に関する先駆的研究によってノーベル経済学賞を受賞した。[★2] アカロフの重要な洞察は、隠された情報はとことん望ましくないモノしか取引されない市場の形成につながる可能性がある、と指摘したことだ。アカロフが研究で注目したのは中古車市場で、中古車には二種類あると想定した。問題のある「レモン」タイプと問題なく走る「プラム」タイプだ。

中古車の買い手は当然、レモンよりプラムに高いお金を払おうとする。では、話をわかりやすくするため、売り手には自分の車がレモンかプラムかわかっているが、買い手には両者を区別できないとしよう。買い手がタイプの違いを区別できないことをわかっているため、売り手はすべての中古車に同じ値段をつける。まったく問題のないプラム車の持ち主は、この市場では自分の車を手放そうとは思わない。一律の価格には、市場に相当数のレモン車が混じっている可能性が高いことが織り込まれているためである。その結果、中古車市場の実態は自己実現的になる。プラムの持ち主は現在の相場では車を売ろうとしないため、市場に出回るすべての車がレモンになるのだ。

これが逆淘汰の本質である。売り手側に隠された情報があると、魅力的ではないモノしか売りに出されないのだ。悲しいことに、市場に出回る中古車が圧倒的にレモンである可能性が高くなってしまうのと同じ力学によって、初期のデートサービスの利用者が孤独な一匹狼か負け犬である可能性が高くなっていたのかもしれない。別の見方をすれば、プラムだと証明できない中古車を売るという行為にある種のマイナスイメージがともなったのと同じように、普通の人付き合いを通じてパートナーを見つけられないことにもマイナスイメージがつきまとうのである。いずれのケースでもモノの「売り手」（この場合のモノは車あるいは恋人を探している人自身）は売り方によって、品質についての隠された情報を自ら公表することになった。

私は「レモン」です

幸い、オンラインデートにつきまとっていたマイナスイメージは時間とともにほぼ払拭された。当初はどうにもモテない人だけがオンラインデートを利用すると思われていたが、他の人々もオンラインデート・サイトを使えばたくさんの恋人候補と出会えること、それに加えてすでに取り上げてきたようなさまざまな利点があることに気づきはじめた。心理学者の最近の研究は「オンラインデートはいまや主流となり、まだ残っている社会的マイナスイメージも急速に払拭されつつある」と結論づけている。そうだとすれば、私はオンラインデートの世界に足を踏み入れるとき、逆淘汰の問題など気にしなくていいわけだ。……本当にそうだろうか。

オンラインデート・サイトには何のマイナスイメージもないかもしれないが、私には別の問題がある。私は四十代後半の独身男性だ。そこからどんな情報が読み取れるだろうか。私自身が逆淘汰の結果である、という解釈もできる。なぜなら私は結婚生活を続けることができず、そもそも長期間持続する関係を結ぶことができなかったためにこういう立場に置かれているからだ。この場合秘密の情報とは、私は長期的関係を結べないということであり、その事実を隠したくてもデート市場に身を投じることによってそれを暴露してしまうことになる。

この逆淘汰については、その影響を抑えてくれそうな要素が二つある。第一に、私の年代の男女でたとえ長期的関係を結ぶ能力がある人でも、まだ生涯にわたる伴侶を見つけていないもっともな理由はいろいろ考えられる。オンラインデートに対するマイナスイメージが時間とともに薄れてきたのと同じように、離婚や晩婚に対するマイナスイメージも薄れてきた。若い頃の選択が必ずしも最適なものではないこと、また人は変わることを多くの人が理解している。第二に、歳をとっているのに独身であるのは何かマイナスなことの表れのようだが、この属性については私のデート相手も同じである。

残念ながら、雇用市場ではもっと厄介な逆淘汰の力学が働く。つまり採用する企業は求職者が無職であるという事実から多くの情報を読み取ろうとするため、失業中の人は就職先を見つけにくくなるのだ。求職情報には、失業期間が一定以上の人は応募できないこと（あるいは、少なくとも現在就業中の人のほうが好ましいこと）がよく明記されている。ある仲介業者は「ニューヨーク・タイムズ」の取材に、顧客企業は「今まさに活躍中の有業者を求めている」と語っている。また半年間失業中という女性は「社会から完全に閉ざされている気がする」と話す。すばらしい能力があるにもかかわらず、ある仲介業者には失業中というレッテルによって「売りにくい」と言われたという。[★3]

経済学者のさまざまな研究で、求職者は失業期間が長引くほど新たな仕事を見つけにくくなることが示されている。その背景にはマイナスイメージ以外の理由もあるかもしれないが、先に挙げた例（それ以外にも同じような例はたくさんあるが）からは、採用企業が、仕事がなかなか見つからない人にはそれなりの理由があると考えていることがうかがえる。独身であることと同じように、失業という状況には持続作用がある。採用する側は、無職の人を他の企業が採用しなかった事実は、その人物の能力に対して何事かを示唆していると解釈するのだ。

経済学者のロバート・ギボンズとローレンス・カッツは雇用市場の逆淘汰について、もう一つ興味深い見方を提示している。[★4] 二人は失業した労働者を、二つの類型に分けた。雇用主が工場を完全に閉鎖したケースと、雇用主が人員を削減してもまだ操業を継続しているケースだ。会社が閉鎖したために解雇された人にはマイナスイメージはないはずだ、というのが二人の仮説だった。たまたま誤った時期に誤った職場にいただけであり、経営者を除けば失業した人が無能だったわけではない。

一方、ギボンズとカッツは人員削減の対象となった従業員にはマイナスイメージがあると予想した。雇用を維持された人もいる中で解雇させられたためだ。この企業の判断は市場に向けて隠された情報を暴露するものだった。特定の従業員を削減の対象とすることで「この人は当社にとって重要な従業員ではない」と宣言したのに等しい。

想定どおりと言うべきか、ギボンズとカッツは逆淘汰のエビデンスを発見した。人員削減の対象となった人々のほうが再就職先を見つけるのに時間がかかり、再就職できても給与水準は退職前より下がっていた。雇用市場は、削減対象とすることを前の雇用主が保有していた隠されたマイナス情報と解釈するので、対象となった従業員には別の勤務先で能力を証明するまではマイナスイメージがつきまとう。別の言い方をすれば、デートサービスを使わなければならないのは何らかの理由があって捨てられた人間だと思われるのと同じように、経営を存続している会社から解雇された労働者は理由があってそうなったと見られるのだ。

顧客に対する逆淘汰

マッチ・ドットコムのユーザーがレモンを相手に選ばないように、また企業がレモンを従業員として採用しないように気をつけなければならないのと同様に、企業は顧客としてレモンを選ばないように（あるいはそんな顧客に選ばれないように）気をつける必要がある。企業の製品を買うお客がレモンというのはどういうことかと訝しく思うかもしれないが、お客の中には他の客よりもコストのかかる人がいる。通常ならそれは問題にならない。コストの違いは価格に織り込んでおけばいいだけだ。だが、どの顧客がコストのかかる厄介者か判断できない場合、全員に同じ価格を提示しなければならない。そうすると最もコストのかかる顧客ほど製品に価値を見いだし、得意客になってしまうという逆淘汰が働く。

製品市場における逆淘汰は、ここ数十年アメリカをはじめとする国々の公共医療政策をめぐる議論の焦点となってきた。私の知り合いを念頭に、簡単な例を考察してみよう。カールトンとダグラスはともに四〇歳の男性で健康状態は良好、生命保険会社の健康診断でも結果は同等に見える。だが実はダグラスは心気症（自分が重病にかかっていると思い込む）で、保険会社には知らせていなかったが代々心臓疾患のある家系だった。保険会社は、カールトンとダグラスのような健康診断結果の四〇歳の男性には、平均して年間一万ドルの医療費が発生することを知っているため、保険料は自社の利益分も考慮してそれより少し高い水準に設定しようとする。

だがカールトンの立場からするとどうか。カールトンは健康であり、心気症もなく、自分の医療費が年間五〇〇〇ドル程度にしかならないことがわかっている。保険に加入すれば、何かとんでもないことが起きたとしても安心感はあるが、平均して毎年五〇〇〇ドルをムダにすることになる。一方ダグラスは自分が頻繁に病院を訪れ、医者に頼んでいろいろな検査をすることがわかっている。医療費は毎年少なくとも一万五〇〇〇ドルはかかりそうなので、保険料が一万ドルなら儲けものだ。

こうなると保険会社は困ったことになる。健康な人は保険に入る気にならず、病気の人が入ると損をする。つまり保険会社は逆淘汰の被害者となるわけだ。そうなると保険会社は保険料を少なくとも一万五〇〇〇ドルに設定せざるを得なくなるが、この価格では本当に病気を患っている人しか保険に加入しない。すなわち隠された情報は、オンラインデート・サイトには魅力のない人しか集まらず、中古車市場には最悪の中古車しか集まらないという状況を生み出すだけではない。ひどく体調の悪い人しか生命保険に加入しなくなる。

近年のアメリカなど多くの国における医療政策の議論では「個人の保険加入義務化」、すなわち全国民に医療保険への加入を義務づける必要性が焦点となってきた。アメリカでは二〇一二年に個人加入義務化の合法性が最高裁で争われ、僅差で合法性が認められた。カナダ、イギリス、スイス、オランダ、オーストラリア、日本など他の先進諸国は医療の逆淘汰という問題を解消するため、個人加入義務化か国民皆保険制度を取り入れている。

医療における逆淘汰の問題については膨大な研究や検討がなされてきた反面、他産業の企業は研究を怠ったために顧客の逆淘汰という被害に遭うケースが散見される。私にも関係のある事例を紹介しよう。というのも、私は人生のパートナー探しに懸命に取り組んでいるのに加えて、航空会社のマイレージ会員制度で少しでも上のステータスを目指してなりふりかまわず努力を続けているからだ。目下、私の人生で最も重要な目標はすばらしい女性に愛していると言ってもらうことだが、ユナイテッド航空の「プレミア１Ｋ」会員になるのもそれにほぼ匹敵する目標と言っても過言ではない。

ジョージ・クルーニーが映画『マイレージ、マイライフ』で演じたライアン・ビンガムという人物を考えてみよう。アメリカン航空で一〇〇〇万マイル以上飛んだ男だ。忠実な顧客であってくれたことを航空会社は盛大にほめたたえ、さまざまな特典で報いる。ビンガムのような顧客は実在し、航空会社は彼らを満足させて囲い込むことを最優先課題に掲げる。

アメリカン航空は一九八一年に「AAirpass（エイエアパス）」を導入した（これは映画ではなく本当の話[★5]）。二五万ドルを支払うと生涯アメリカン航空のファーストクラスが乗り放題になり、さらに一五万ドル支払うといつでも同伴者を一名連れて行けるという制度だ。たしかに大金である。私も頻繁に飛行機は使うが、二五万ドルを航空券に使うまでには相当な時間がかかるだろう。だがライアン・ビンガムタイプのユーザーにとっては、数十万ドルを航空券に使うのはそれほど大変なことではない。このため一般人はまずエイエアパスなど買わないが、ライアン・ビンガムのような人はそれを買って相当な金額を節約できる。

エイエアパスが販売されていた時期にCEOだったボブ・クランドルは「当初は企業が幹部社員用に購入するのを想定していたが、ユーザーのほうがわれわれより頭が良かった」と認める。そう、隠された情報である。すでに述べたとおり、それは逆淘汰を生む。エイエアパスを購入した顧客の中にはわずか一カ月でまともに購入していれば一二万五〇〇〇ドル分のフライトをした者もいた。痛い目に遭ったアメリカン航空は、まもなくエイエアパスの料金を一〇〇万ドルに引き上げ、その後完全に制度を廃止した。最近ではエイエアパスの利用者に詐欺行為があったことを証明し、将来

的な義務の履行を免れるため調査を進めている。[★6]

顧客の逆淘汰は、一般消費者向けに融資をする企業にも不利益をもたらす可能性がある。信用履歴や金融情報などは、銀行やクレジットカード会社が信用リスクの低い顧客と高い顧客とを識別するのに非常に役に立つ。しかし個人の信用を評価するプロセスは不完全なものであり、その証拠にクレジットカードの債務や自動車ローンの五％近くが返済されていない。

キャピタル・ワンはバイキングが登場するおかしな広告でおなじみのクレジットカード大手だが、もとは逆淘汰を味方につけようという試みから始まった会社だ。[★7] 創業は一九八八年で、リチャード・フェアバンクが地元の小さな銀行に、クレジットカード部門を使って実験をしてみようと持ちかけたのがきっかけだ。当時アメリカのクレジットカードはほぼ例外なくカードローンの残高に一律の金利をかけていた。年会費もどのカードもほぼ同じだった。フェアバンクは、高めの金利でリスクの高い新規顧客を呼び込む一方、安全な顧客には金利を抑えることで、会社の利益を伸ばせるはずだと考えた。

最初はうまくいかなかった。キャピタル・ワンは自社のカードを普及させるため、ティーザー・レート〔借り込れ当初の金利水準を低く抑える仕組み〕などさまざまな個性的なサービスを打ち出した。だが集まった顧客のほとんどは魅力のない層だった。ローン残高ゼロ（つまり利益ゼロ）あるいは債務不履行になるような顧客ばかりだったのだ。撤退やむなしと思われたとき、フェアバンクの試みの一つが逆淘汰の鉱脈を掘り当てた。簡単に言うと、フェアバンクは新たなオンラインデート・サイトを作ってマッチ・

ドットコムから勝ち組だけをごっそり引き抜き、負け組だけを残していくようなことをクレジットカードの世界でやってのけたのだ。

まずライバル会社のクレジットカードのローン残高をそっくりキャピタル・ワンに移してくれた新規顧客に、非常に魅力的な低金利を提供した。つまりキャピタル・ワンがその顧客のローン残高をまとめてライバル会社に返済し、顧客はキャピタル・ワンから低いティーザー・レートで借り入れをすることになる。ローンを借り換えた直後の一年は、キャピタル・ワンの金利はほぼゼロで、それから徐々に市場金利まで上げていく。このようなローンの借り換えは今でこそクレジットカード市場で一般的になったが、一九八八年にはまったく新しい試みだった。

クレジットカード業界で最も重要なポイントは、最もお金になるのはローン残高があり、債務不履行にならない顧客であるということだ。少なくとも一九八八年当時は、この二つの条件を満たすクレジットカード顧客にとってローンの借り換えは魅力があった。カードローン残高のない顧客には当然、ローンを借り換えしようという動機づけもなく、また返済する気のない顧客ならもっと金利が安いからといってわざわざ残高を別のカード会社に移そうとは思わないだろう。つまり毎月残高を完全に返済する顧客や債務不履行になる可能性が高い顧客は、キャピタル・ワンのローン借り換えサービスに魅力を感じない。儲からない客である彼らは、逆淘汰プロセスによって他の金融機関にとどまるのである。

ローン借り換えはキャピタル・ワンに大きな恩恵をもたらしたが、同社がクレジットカードのマーケティング手法として生み出した収益性の高いイノベーションは他にもたくさんあり、大成功を収める原動力となった。しかし現在のキャピタル・ワンの成功の土台となっているのは、ローン借り換えではない。なぜならローンの借り換えで高い収益性が確保できるのは、他のクレジットカード会社が同じサービスを提供しない間に限られるからだ。やがて（とはいってもかなり長い時間はかかったが）他のカード会社もキャピタル・ワンの新たなアイデアを真似しはじめた。今ではクレジットカード保有者にそれなりにまともな信用履歴があれば、複数の会社からローン借り換えのオファーが来る。むしろ状況は逆転し、ローンの借り換えはそのサービスを提供する金融機関に新たな逆淘汰の弊害をもたらすようになった。というのも、ずるがしこいクレジットカード・ユーザーなら毎年新しいカードにローンを借り換えることで、ずっと金利を払わずに済ませることができるからだ。彼らはローン借り換えを提供するカード会社から、実質的に無利息でお金を借りていることになる。

食べ放題のレストランには特定のタイプのお客が集まる

食べ放題のレストランで食事をしたことがあるだろうか。他のお客について、何か目に留まる特徴はあっただろうか。逆淘汰の原理から考えると、料金一律の食べ放題レストランに行くお客の構成は、住人から無作為に抽出した結果とは一致しない可能性が高い。できるだけ婉曲な表現を使えば「重力を敵にまわした人」、あるいはオンラインデート業界の常套句で言えば「肉感的」な人が多いだろう。誰もが同じ料金を払わなければならないならば、大食漢しか元が取れないことになり、その属性はたいてい体形に反映される。

しかし、食べ放題レストランでお客がめちゃ食いする理由は二つある。一つはすでに述べた逆淘汰だ。つまりお客には自らの食欲について隠された情報があり、食べ放題で元が取れるかについての判断はそれを開示している。二つめの理由は、経済学者が「モラルハザード」と呼ぶ重要な概念だ。

モラルハザードは**隠された情報**ではなく**隠された行為**にかかわるもので、要は「人はインセンティブに反応する」というのを洒落た表現で言っているだけだ。食べ放題レストランの顧客は他の店の顧客と比べてたいてい太めだが、共通点はそれだけではない。他のレストランで食事をするときより、食べ放題のほうが食事の量は増える。食べ放題の店では、食べたいと思っている間は箸を置く理由がない。あと一皿チキンやサラダ、デザートを食べても値段は変わらない。だから本当におなかがいっぱいになるまで、とにかく食べつづける。普通のレストランでは、追加料金を払う価値があると思うときしか追加の料理は頼まない。食べつづけるとお金がかかるので、早めに食事を切り上げようとするインセンティブが働く。

モラルハザードの問題はそこら中で起きており、逆淘汰の問題と組み合わさっていることが多い。モラルハザードと逆淘汰が組み合わさると、経済用語で言うところの「エージェンシー問題」、すなわちある経済的エージェント（依頼を受けて働く人）が他の人々に影響を及ぼす行為をとり得る状況の代表的な例となる。ここでモラルハザードについて検討し、それを逆淘汰と比較するためにちょっと寄り道をしよう。ただ、本書に改めてモラルハザードの章を設けるつもりはない。重要性がないためではなく、オンラインデートの世界にはモラルハザードがそれほど存在しないためだ。重要な経済学の概念ではあるが、本書のテーマにそぐわないというだけである。

インセンティブ報酬によって逆淘汰が緩和されることも

オンラインデート・サイトで逆淘汰を防ぐ手立てはないが、おカネを使うと雇用市場での逆淘汰の問題を解決できることに気づいた企業もある。車のフロントガラスを壊してしまったことがある人なら、知らず知らずのうちにその一例を目にしていたかもしれない。フロントガラスが壊れると、修理・交換業者のセーフライト・オートガラスに電話をかける人が多いはずだ。セーフライトはフロントガラスを交換できるスタッフをたくさん抱えており、顧客から連絡を受けると家までトラックで出向いてガラスを交換する。

数年前、セーフライトの経営はまずまずうまくいっていたが、経営陣はもっと良いやり方があるのではないかと考えた。フロントガラスの設置工の報酬は時給制で、ずぼらな者は解雇される可能性があったものの、時間を有効活用するインセンティブは働かなかった。そこで会社は、ガラス設置工に一枚フロントガラスを直すたびに約一〇ドル（従来の時給より高いことが前提）支払う成果報酬型の仕組みを試すことにした。さらに設置工が雑な仕事をして出来高を増やすのを防ぐ仕組みも導入した。

私の同僚であるエドワード・ラジアーは報酬体系の変更前と後でセーフライトの生産性がどう変化したか、データをもとに研究した。[★8] 新たな仕組みは場所ごとに異なる時期に導入されたため、他の要因をコントロールしつつ二つの報酬体系の下での同一の設置工の働きぶりを比較することができた。

研究の結果、セーフライトが時給制から出来高払いに変えた結果、生産性は四〇％向上することがわかった。向上分の半分は、設置工が依然より生産的になったことに起因していた。つまりインセンティブがうまく機能し、平均的な設置工の生産性が二〇％向上したのである。こうした改善が見られたのは、セーフライトが時給制の頃は相当なモラルハザード、あるいは隠された行動の問題を抱えていたことを示している。設置工は本当はもっと仕事をこなせるのに、ゆっくりと作業をしていたのだ。

だがデータを慎重に調べていくと、生産性が向上したのは優れたインセンティブによって従業員の意欲が高まったためだけではないことが明らかになった。生産性向上の原因のもう半分は、逆淘汰の問題を解決したことだった。新たな成果報酬制度は、優れた設置工は仕事の遅い設置工より報酬が多くなることを意味する。変更によって優秀な設置工には仕事の魅力が高まる一方、優秀ではない設置工には魅力が低下した。結果的に、優秀な設置工がセーフライトに集まってくる一方、生産性の劣る設置工は退社してゆっくりと仕事のできる職場を探すようになった。新たな報酬制度によって、ガラス設置工になろうとしている人は自らの才能、労働倫理、そして生産性についての隠れた情報を開示しなければならなくなった。

成果報酬制度と食べ放題レストランは、モラルハザードと逆淘汰の問題が共存する状況のわかりやすい例だ。ただこの二つが共存するケースのうち、私が特に興味を引かれるのはボルボ車のユーザーに関するものだ。ボルボを運転する層というと、子供をサッカーに送迎する母親や安全にこだわる郊外に住む家族などを思い浮かべる人が多いだろう。ボルボの車は常に安全性で最先端を走っており、その結果安全意識の高い家族が購入することが多い。

ただボルボ車に魅力を感じる集団がもう一つある。運転が下手な人々だ。あなたが安全運転が苦手で、事故を起こしやすいという自覚があったら、どんな車を買うだろうか。ゼネラル・モーターズの「ハマー」も良いが、ボルボも賢明な選択だ。「ボルボ・ドライバー」は一部では運転が下手な人を意味する侮辱的表現で、スラング専門のオンライン辞書「アーバン・ディクショナリー」の定義にはこうある。「あまりにも運転が下手なので、とことん安全な車が欲しいと思う人。高速レーンでノロノロ運転をして、車列に割り込むので周囲のドライバーが衝突を避けるために急ハンドルや急ブレーキを余儀なくされる」。つまり自分が上手なドライバーではないという隠された情報を持っている人は、ボルボ車を買って身を守ろうとする選択によって図らずもその情報を開示している。

一方、ボルボ車を保有することのモラルハザード（あるいは隠された行動）は、ボルボに乗っていると運転中にもっと大胆にリスクをとれるような気がするところから生じる。あるブロガーはこの現象を簡潔に表現している。「最高のドライバーですら、ボルボのハンドルを握ると劣化するようだ[★9]」と。どういうわけかオーストラリアのボルボ保有者はことさら身勝手な運転をするというレッテルを貼られており、ついにはそれを払拭するため、ボルボが「最低のボルボ・ドライバー」（皮肉である）という広告キャンペーンを展開したほどだ。

私自身、ボルボを運転する人が他の車のドライバーと比べて本当に野放図な運転をするという科学的エビデンスを見たことはない。だが念のため、街中でボルボを見たら近づかないほうがいいかもしれない。一方、次の恋人をオンラインデートで見つけようとする人には近づいても大丈夫だ。もはやそこにいるのはレモン（あるいはボルボ）だけではない。

第7章のおさらい

「逆淘汰」とは……

「隠された情報」が存在すると、望ましくないモノしか取引されない市場の形成、すなわち逆淘汰につながる可能性がある。

経済学の大切な教え

質の低い製品の持ち主やメーカーしか売り手になろうというインセンティブがない市場もある。質の高い製品の売り手は市場を避けようとする。

「逆淘汰」を研究する経済学者による実証研究の貴重な成果

企業が従業員の出来高にもとづいて報酬を決めると、生産性の高い人材が集まり、生産性の低い人材はいなくなる傾向がある。

「逆淘汰」の観点から言うと、恋人探しは……

中古車の購入、食べ放題レストランの利用、クレジットカードの選択に通じるところが多い。

恋愛に関するアドバイス

デートサイトで長期間にわたって恋人を探している人は避けるのが賢明だ。

第8章 同僚や隣人に同じような人が多いのはなぜ？

正の同類交配

私はダンスが本当に下手である。生まれつきリズム感がなく、動きはぎこちない。才能がないのに加えて、ダンスフロアに立つと自意識過剰になってさらにひどいことになる。ダンスの腕前がカップルの相性を大きく左右するなら、私はダンス上手の女性とデートするのは避けたほうが良さそうだ。まず私が踊りたがらず、踊っても相手のペースについていけないためにイライラさせてしまうだろうし、私の無様な姿を見るだけでもうんざりするだろう。だからダンス上手な女性はダンス上手な男性と付き合えばいいし、踊れない人は私のような男と付き合うのがはるかに理にかなっている。

一流の法律事務所は一流のロースクールのトップ中のトップの学生を採用する。それ以外の多くの事務所は普通に優秀な学生を採用する。名門ロースクールからしか新人弁護士を採用しない名門法律事務所はたくさんあり、その採用プロセスはかなり厳しいものの、とりわけ数社は本当にトップスクールのトップの学生にしか採用オファーを出さない（学術誌に論文を載せたり、米国優秀法学生会員に選出されたりする学生。でっちあげではなく本当にこういう組織があり、選ばれるのは名誉だと思われている）。ワクテル・リプトン・ローゼン・アンド・カッツやクラバス・スウェイン＆ムーアなど産業界や金融業界で最も重要かつ複雑な法務を手掛ける事務所がまさにそうで、そうした仕事をきちんと遂行するにはベスト＆ブライテストな弁護士が必要だと考えている。顧客がこうした事務所に業務を依頼しているという事実は、こうしたビジネスモデルが合理的なものであることを示唆している。つまりダンスがパートナー選びのカギとなるデートの世界で私が踊れない女性を選ぶのと同じように、法律家の世界ではベスト＆ブライテストな人材が最も顧客に支持される最高の事務所と組むのである。

なぜ踊り手や法律家のパートナー選びはこんな具合に行われるのか。かなり直観的に理解できる概念であるにもかかわらず、どこかの経済学者が、動物の世界での同じような現象を説明するのに生物学者が使っている表現を拝借して、とことんばかげた反直観的な名前をつけてしまった（校閲者からもケチがつくような名前である）。**正の同類交配**あるいは**正の同類マッチング**というのがそれだ。本書では前者を採用するが、お好きなほうを使っていただいてかまわない。基本的な考え方は、人がパートナー関係あるいは集団を形成する方法は決してランダムなものではなく、そこには「秩序」があるというものだ。正の同類交配を最も厳格に行うとすれば、「最高」の女性は「最高」の男性と結婚し、二番目は二番目と結婚する、という具合になる。

正の同類交配は、（男女でも法律家と法律事務所でも）ランダムなマッチングより一般的に「良い」結果につながる。次のシンプルな例を考えてみよう（これから説明するとおり、登場人物の名前は意図的に両性的なものを選んでいる）。アディソンはとても美しい女性で、クリスは不器量だ。そしてベイリーはとびきりハンサムで体格が良い一方、デボンは青白く太っていて全般的に魅力がない男性だ。他の条件が一定であれば、男性はどちらもアディソンと交際したいと思い、女性はどちらもベイリーを選ぶだろう。ただ全体の効用を最大化するには、おそらくアディソンがベイリーと組み、クリスがデボンと組むのが一番良いだろう。たとえばアディソンとベイリーなら、どちらも引け目を感じずに相手と一緒にいることを楽しめるはずだ。

デート市場において、正の同類交配は間違いなく重要な影響を及ぼしている。魅力的で財力がある人のほうが常に引きは強いが（次章で詳しく見ていく）、デートサイトで特に魅力的な相手へのニーズが強いのは、自らも魅力的な人々だ。一般的に身体的魅力、所得、人種、教育水準などの属性について、強力な正の同類交配の傾向が見られることが研究で示されている。

とはいえ、常にそうなると決まったわけではない。これから見ていくとおり**負の同類交配**（たとえばアディソンとデボンが組む）や**無作為交配**（アディソンを無作為にデボンかベイリーと組ませる）のほうが合理的な場合もある。幸せになれるかどうかがカップルのうちどちらか魅力的なほう（つまり二人のうち質が高いほう）によって決まる状況であれば、こうした展開が起こり得る。たとえば魅力的な人とその恋人だけが入場できる、おしゃれで刺激的なナイトクラブがあるとしよう。そのナイトクラブに入ることだけが目的であればアディソン、ベイリー、クリス、デボンの集団にとって、アディソンとデボンがカップルになり、ベイリーとクリスがカップルになるという負の同類交配が最適解となる。そうすれば全員ナイトクラブに入場でき、全体としての効用は高まる。*

本章ではアディソン、ベイリー、クリス、デボンが繰り返し登場する。恋人や結婚相手を探したり就職先を探したりとシチュエーションはさまざまだが、いずれのケースでも何らかの観点から異なるカテゴリーに分類される。トップから最下位まで順位や序列をつけるときは、わかりやすいように常にアルファベット順でアディソンが「最高」（あるいはアディソンとベイリーがトップ）でデボンが「最低」（あるいはクリスとデボンが底辺）とする。

一方、四人の間に序列はなく、単に属性が違うというケースもある。たとえばアディソンとベイリーが女性、人種的マイノリティ、あるいは同性愛者であるのに対し、クリスとデボンが男性、白色人種、あるいは異性愛者であるという具合に。文脈に応じて同性カップルにも異性カップルにもなれるように、四人の名前は意識的に両性的なものを選んだ（四つの名前はいずれもアメリカの赤ちゃんの名前のうち、どちらの性別にも多いものだ）。本章ではさまざまな事例を検討しながら、どんなときアディソンはベイリーと組むのか、どんなときはデボンと組むのか、そして、そうした選択がなぜ合理的なのかを考えていく。ダンスの相手（ダンスの能力によって序列が決まる）や法律事務所の同僚（法律家としての能力によって序列が決まる）を選ぶ際には、アディソンタイプは通常ベイリータイプと組むことはすでに見たとおりだ。しかしさまざまな状況で同じパターンが見られるものの、常にそうとも限らない。

大学での交際とその長期的影響

オンラインデートに代わる選択肢として、大学は最高だ。周囲に独身者がたくさんいて、出会いの機会がたくさんある。私の大学時代には、学長が「君たちがここで生涯の伴侶を見つける可能性は極めて高い」と繰り返し学生に説いていたほどである。大学で知り合って夫婦になるカップルは多いので、大学に進学した人のほうが進学しなかった人と比べて大卒者と結婚する可能性がぐっと高くなると聞いても特に意外ではないだろう。たとえば二〇〇〇年にアメリカで結婚した夫婦のうち、妻が一八歳から四〇歳までのケースを見てみよう。[★1] 対象者のうち大学を出ているのは二五％強だが、大学卒業者の配偶者の実に三分の二が大学卒業者である。同じように対象となったカップルのうち高校を卒業しなかった人の割合は一一％だが、その半分以上が高校中退者と結婚している。だから先ほどの四人を教育水準の高い順に並べると（アディソンが最も学歴が高く、デボンが最も低

＊　念のため言っておくと、これは本物のカップルになるという話でありスワッピングを提唱しているわけではない。ここで想定しているのとは違うタイプの特殊なナイトクラブではそれが一番良いのかもしれないが。

い）、アディソンはベイリーと、クリスはデボンと結婚する可能性はきわめて高くなる。

この「同類婚」というパターンは従来型夫婦の教育水準に限った話ではない。[★2] ゲイやレズビアンのカップル、異性同士の結婚はしていないが同棲しているカップルを見ると、従来型の既婚カップルと同じように教育水準は似通っている。また、さまざまな形態のカップルの所得水準を見ると、ランダムに組み合わせたカップルよりも似通っている。労働時間が比較的長く所得も比較的高い人は、同じように労働時間が長く所得の高い人と暮らしている。社会的地位の高い者同士の「パワーカップル」が比較的多いのは、高所得者同士がカップルになり、それほど所得の高くない人同士が組むことになりやすいからだ。

パワーカップルが特に多いのは、結婚していないが交際期間の長いカップルである。つまり既婚夫婦よりも非婚あるいは同棲カップルの高所得者同士である可能性が高い。所得と労働時間の類似性は既婚夫婦より非婚および同棲カップルのほうが高い。このデータは、既婚夫婦は他のタイプのカップルと比べて片方がお金を稼ぎ、もう片方が家事や子育てを担うという伝統的な役割分業パターンに従うケースが多いことを示唆している。ただ、あらゆるタイプのカップルで正の同類交配が非常に顕著であるという事実と比べれば、既婚と未婚のカップルのこうした微妙な差異は取るに足らないものだ。

ある研究者はこう結論づけている。「正の同類交配のエビデンスはあらゆる属性について、またあらゆるタイプのカップルに見られた」。つまりどんな属性によって四人の序列をつけようとも、上の二人、すなわちアディソンとベイリー、下の二人、すなわちクリスとデボンが結婚あるいはカップルになるのである。とはいえあらゆる属性について正の同類交配が見られるというのもまた正しくない。相手の性別を選ぶ際には、負の同類交配のほうが一般的だ。大多数の人は異性愛者であり、少なくともこの属性については自分と反対の相手と結び付く。

正の同類交配のために階層を上がるのは困難に

映画『プリティ・ウーマン』では、リチャード・ギアは金持ちのビジネスマンを、ジュリア・ロバーツは困難な人生を送ってきた娼婦を演じた。二人は恋に落ちてハッピーエンドを迎え、ロバーツの演じた女性は社会階層を上がることができた。多少型破りなところはあるが、このようなシンデレラストーリーは万人受けするので、ハリウッドも好んで作品にする。

しかし、これにはどの程度現実味があるのか。たしかに経済的階層の移動はあるものの、われわれが思うほどではない。移動を阻む大きな障害が正の同類交配である。お金持ちの男性と結婚する娼婦はきわめて稀だ。われわれは自分が育った社会階層の中でパートナーを見つける傾向があり、それは経済システムにおける自らの地位を一段と強化する。

カップルの教育水準は似通う傾向があるのと同じように、育った環境も似ているケースが一般的だ[★3]。このため大学教育を受けた人のパートナーが大卒者である傾向が高いだけでなく、大卒者の子供は大卒者の子供とパートナーになる傾向が高い。既婚夫婦の双方の親の教育水準やそれ以外の属性の類似性は時間とともに高まっており、それはおそらくプリティ・ウーマン的なドラマを起こりにくくしている。

少なくともアメリカとイギリスでは、この傾向が経済的階層を上がることを一段と難しくしているかもしれない。[★4] 他の先進諸国と比べて、アメリカとイギリスではかねてから貧しい家庭の子供が大人になって金持ちになることが起こりにくかった。ここ数十年、両国ではお金持ちがますます豊かになる一方、貧しい人はますます貧しくなっている。この変化も貧困層から富裕層への移動をより難しくしているかもしれない。北欧諸国など富裕層と貧困層の所得格差がそれほど大きくない国々では、従来から、世代間で社会的階層の上下移動がより多く見られる。

傾向がどのようなものであれ、ほとんどの国では経済的階層を上に移動するのはきわめて難しい。その重要な要因の一つが、家庭環境と個人的属性の両面において、われわれは自分と似た相手と結婚する傾向が強まっていることのようだ。

一緒に働くのも似たような人々

デートサイトで言うと、あなたに最も似ているのはあなたのプロフィールに最も興味を持つ人々だ。学校で、また両親を通じて、似たような人とは出会う機会がある。では自分と違う人とはどこで出会うのか。職場はどうだろう。職場で出会って結婚するカップルは多い（確固たるデータとして、イギリスのテレビドラマ『ジ・オフィス』では九年にわたる放映中、職場結婚したカップルが三組いた）。もしかすると職場は、自分とは違うタイプの人と出会い、可能性を広げるのにうってつけの場所なのだろうか。

残念ながら、そんなことはない。職場もまた正の同類交配が盛んな場所だ。似たようなタイプの労働者は似たようなタイプの雇用主に魅力を感じるため、われわれは自分と似た人々と働くことになる。

最も生産的な労働者はその能力を最も生産的に活用できる企業に就職するという意味で、雇用市場には正の同類交配が見られる。特に注目すべきは、大企業は小さい会社より報酬水準が高いことだ。目新しいことではない。一〇〇年前にイタリアの繊維産業で働く女性たちを研究したヘンリー・ムーアは、従業員五〇〇人以上の工場で働く女性は、二〇人以下の工場で働く女性より収入が約四〇％多いことを明らかにした[★5]。収入が高いことに加えて、さらにこう指摘している。「事業の規模が大きくなるにつれて、さまざまな面で労働環境も改善する。彼の賃金は増え、年間の就業日数も増え、月ごとの就業日数のばらつきは少なく、一日当たりの労働時間は少ない」（一〇〇年前は研究対象が女性でも、雇用についての論文では男性を主語にせざるを得なかったようだ）。

ムーアがイタリアで研究を行ってから一世紀にわたり、世界中のさまざまな職種で同じような状況が確認されている。たとえば一九八八年の日本では、従業員一〇〇〇人超の会社で働いている女性の時給は平均一五五四円であったのに対し、一〇〇人超一〇〇〇人以下の会社では一一〇五円だった。大企業で働く女性は平均在職期間も長く、教育水準もやや高かった。

一九九三年のアメリカでは、従業員一〇〇〇人超の会社で働く男性は、従業員一〇〇~五〇〇人の会社で働く男性と比べて平均一一%収入が多かった。格差の原因は他にも考えられる。大企業の従業員は在職期間が長くなり、教育水準もやや高くなり、労働組合の加入率も高く、フルタイム社員である割合が高い。とはいえ大企業で働くことによる報酬の上乗せは、これだけではない。大企業のほうが一般的に福利厚生も充実している。

企業規模と賃金には確固たる普遍的な相関があるのは疑いようのない事実だが、それはいったいなぜなのか。もちろん原因はたくさんあり、なかには正の同類交配とは一切かかわりのないものもある。つまり「同一人物が小さい会社ではなく大企業で働いたほうが賃金が高くなることを正当化する理由」は同類交配以外にもいくつかある、ということだ。たとえば大企業のほうが従業員の働きぶりを追跡、監視するのは難しい。賃金を多くすることで、大企業は従業員が怠けないようなインセンティブを与えている。もう一つの理由は、大企業で働くのは正直言って楽しくないので(漫画『ディルバート』を読めばよくわかる)、もっと楽しい職場ではなく大企業を選んでもらうには賃金を上乗せする必要がある。

それに加えて大企業のほうが資金力があるので、それほど熱心に従業員と賃金交渉をする気にならない、あるいはその価値がないと考えるのかもしれない。交渉の場に立つのが誰かを考えれば、それもあながち的外れではないことがわかる。大企業で賃金交渉をした場合、賃上げ分は直属の上司がポケットマネーから出すのではない。一方、小さな会社では賃金を決めるのはオーナーあるいは少なくとも会社と強い利害関係があり、支出をできるだけ抑えようとするインセンティブのある人だ。

こうした要因はいずれも重要なもので、間違いなく企業規模と賃金の相関性を生む一因となっているが、正の同類交配も企業規模による上乗せを生み出す重要な要因である。大企業で働くタイプの人というのは、どこで働こうとたくさん稼げる人だ。先に挙げた日本とアメリカのデータが示すとおり、大企業で働く人のほうが教育水準は高く、仕事経験も豊富だ。他の条件が一定であれば、大企業で働く人のほうが「優秀」（生産性が高い）であること示す研究も多い。つまり大手企業は、どこで働こうと一般的な労働者より生産性が高くなるような労働者を引き寄せることができる。たとえばフランスの五〇万社を対象とした詳細かつ入念な分析では、大企業と小企業の賃金差の大部分は、教育水準や就業経験といった属性を一定にしても、大企業で働く労働者のほうが優秀であるという事実によって説明できることが明らかになった。[★6] 他国で研究を行った研究者も同じような結論に達している。[★7]

能力の高い労働者ほど大企業に行くという意味で、労働者と企業の間には正の同類交配があると言い切ることができそうだ。別の言い方をすれば、先述の四人のうちアディソンが最も教育水準が高く勤勉、簡単に言えば一番優秀で、他の三人の序列もいつもどおりだとすると、おそらくアディソンはフォーチュン五〇〇企業で、ベイリーは中規模の地域企業で、クリスは従業員二〇人程度の小さな会社で、デボンは自宅で個人事業主として働いていると見てよさそうだ。ただこれはあくまで平均であり、企業規模が生産性を決める唯一の要因ではないことを頭に入れておきたい。もちろん小さな会社にもとびきり生産性の高い人はたくさんいるし、大企業にも生産性の低い従業員はたくさんいる。

それでも平均して、能力の高い労働者ほど規模の大きい会社で働く傾向があるのはなぜか。一つの論拠は、生産性の高い人はその優れた資質によってより多くの人に影響を与えられるような場所に配置するのが合理的だから、というものだ。要するに本当に有能な上司は部下の能力を高められるので、良い上司の下でより多くの部下を働かせるのが理にかなっている。ただし、この説が示唆するのは大企業には有能な上司がいるはずであるということだけで、大企業の従業員がみな優秀だと言っているわけではない。それでも大企業の従業員の多くはいずれ階層を上がっていく能力を秘めているとすれば、大企業ではあらゆる階層の人の生産性が高いことが想定される。つまりアディソンには他にもたくさんのアディソンタイプがいる会社で働き、彼らを生産的な労働者に育てることが期待される。

大企業のほうが従業員の能力を有効に活用できると考えられる理由は他にもある。たとえば優れた設備やコンピュータを買ったり、異動によって従業員の能力を最大限に引き出すことができる。そうだとすれば生産性の高い従業員はこうした企業に集まったほうがいい。有能な労働者と優れた会社を組み合わせることによって生産性は倍加するからだ。

簡単な例を考えてみよう。大手の食品スーパーにはサンドイッチ製造機がある。アディソンがその機械を使うと一時間に二〇〇個のサンドイッチを作ることができるが、ベイリーには一五〇個しか作れない。一方、地元に小さな総菜店があり、アディソンがそこのカウンターで働くと一時間に二〇個のサンドイッチが作れる。ベイリーが同じ店で働くと一時間に一五個だ。どちらで働いてもアディソンの相対的な生産量は同じで、常にベイリーより三分の一多くのサンドイッチを作れる。ただアディソンがスーパーで働き、ベイリーが総菜店で働くと二人で一時間に合計二一五個のサンドイッチが作れるのに対し、職場を交換すると総生産量は一七〇個に落ちてしまう。

職場で良いチームをつくる条件とは

ここまで読むと、すべてに共通する要素に気づいていただけたのではないか。誰と誰が交際するか、誰と誰が結婚するか、あるいは誰がどこで働くかを見ていくと、正の同類交配が行われる傾向があるのがわかる。見た目の良い人、裕福な人、教育水準の高い人同士がパートナーになり、残された見た目の劣る人、それほどおカネのない人、教育水準の低い人同士が別の集団を形成する。ほとんどの状況で、同じような結果が見られる。アディソンとベイリータイプがくっつき、クリスとデボンタイプが別のグループをつくる。

アディソンとベイリー（生産性あるいは能力が高い人たち）は、クリスやデボンより大きな会社で働く傾向があることはわかった。では同じ会社内ならどうだろう。四人全員が同じ職場で働き、できるだけ生産性の高いチームを編成するとしよう。二人ずつのチームを二つつくる必要がある。アディソンとベイリーという花形選手を組ませるべきか、それともアディソンとデボンを組ませてスターに落ちこぼれを感化させるべきか。

結論から言うと、このケースでは本章で見てきたテーマについて例外的な答えが出る。交際相手や人生のパートナー、あるいは職場を選ぶ際には正の同類交配が一般的かつ適切なものと思われたが、職場を見るとアディソンとデボン、ベイリーとクリスを組ませると生産性が最大化するケースが多く存在する。この現象の背景には、興味深いもののあまり経済学とは関係のない要因があるようだ。罪悪感と恥の意識である。

バートン・ハミルトン、ジャック・ニカーソン、大湾秀雄はカリフォルニア州の衣料品工場の生産量の変化を調べた。★8 この工場は個々の労働者に特定の縫製作業をこなした枚数分だけ支払う仕組みから、チームが完成させた最終製品の枚数に応じて報酬を決める仕組みに切り替えた。その結果、チームで仕事をさせるほうが生産性は高まることがわかった（ここではチームの規模は六〜七人と小さかった）。仕組みを変えた結果、生産量は一八％増加した。さらに理想的な組み合わせは負の同類交配であることも明らかになった。つまりアディソンとデボン、ベイリーとクリスを組ませるのが最適な編成だった。

怠け者と組むと勤勉な労働者が怠ける効果はあったものの、それ以上に、生産量の多いパートナーと組むと怠け者が自らを恥じて頑張る効果のほうが大きかった。要するにデボン（仕事の遅い人）と組むとみな多少仕事量が減り、アディソン（優秀な職人）と組ませるとみな仕事量が増えたが、どちらかといえば「アディソンについていかなきゃ」効果のほうが強かったということだ。

経済学者のアーミン・フォークとアンドレア・イチノの研究でも、同じ結果が出ている。★9 二人はスイスのチューリッヒ周辺で高校生を集め、チューリッヒ大学で配布する意識調査票を封筒に詰める作業をさせた。一人で働くのと仲間と働くのでは、同じ作業者の詰める封筒の枚数はどちらが多いかを確かめようとしたのだ。その結果、三つの発見があった。第一に、仲間と働くほうが一人で作業するより被験者の詰める封筒の数は多かった。第二に、二人一組で作業をさせると退屈が紛れて生産性は高まるが、作業者は相手にどう思われているかを気にするようだった。両方とも熱心に働くか、両方とも作業量が少なくなるかという明確なパターンが見られたのである。片方の作業者がもう片方より大幅に生産性が高いというケースはほとんどなかった。第三に、フォークとイチノは衣料品工場とまったく同じチーム編成効果を確認した。アディソンとデボン、ベイリーとクリスを組ませるほうが、アディソンとベイリー、クリスとデボンを組ませるより作業量は増えたのだ。どうやら職場では罪悪感というのがとても強く働くようだ。

同じような研究をもう一つ挙げると、アレクサンドル・マスとエンリコ・モレッティはスーパーのレジ係の記録を調べた。★10 研究のセッティングを理解するために、典型的な食品スーパーのレジコーナーを思い浮かべてみよう。カウンターは一列に並んでいるため、食品をスキャンするレジ係も一列に並んでおり、前方にいるレジ係の背中は見えるが、自分より後ろにいる同僚の姿はまったく見えない。つまり、一人のレジ係は自分の前にいるゼロから数人の同僚の姿を見られると同時に、後ろにいるゼロから数人に働く姿を見られるのである。

調査対象となったスーパーでは、どの時間帯にも七人のレジ係が働いていた。個々のレジ係がシフトを開始したり、中断して休憩に入ったりする時間はそれぞれ異なり、ほとんど場当たり的だった。モスとモレッティはレジ係のデータから興味深いパターンをいくつか見いだした。第一に、とびきり生産性の高いレジ係（アディソン）がシフトに入ると、他のレジ係の生産性も少し高まった。一方、デボンがシフトに入ると、他のレジ係の生産性は少し落ちた。

マスとモレッティはさらに調査を進め、レジ係の組み合わせは負の同類交配によって決めるべきであることを示した。デボンはアディソンがシフトに入るときに、ベイリーはクリスがシフトに入るときに働くべきである、と。調査結果を詳しく説明すると、すでにデボンとベイリーが働いているところにアディソンがシフトに入ると、デボンがスキャンする点数は二％増えるのに対し、ベイリーの点数は約〇・五％増えた。

マスとモレッティの発見の中でもとりわけ興味深いのは、アディソンが他のレジ係の生産性を高めることができるのは、パフォーマンスの低いレジ係の姿をしっかり見られる位置に立ったときだけである、ということだ。アディソンにのんびり働く姿を見られるのは恥ずかしいという気持ちは、デボンが仕事量を増やすインセンティブとなる。デボンの目にアディソンが熱心に働く姿が映っても、アディソンが自分に背中を向けていてダラダラ働く姿を見られないことがわかっていると、デボンは反応しない。アディソンが懸命に働く姿はデボンの意欲を高めないが、アディソンに働きが悪い姿を見られるという不安は意欲を高める。つまり、少なくともスーパーマーケットのレジ係については負の同類交配が最適だが、それもスタープレイヤーが怠け者に目を光らせる場合だけである。

グループ分けはいつ始めるべきか

スーパーマーケットのレジ係や封筒詰めの作業者は、負の同類交配による組み合わせが最適かもしれないが、こうしたケースはきわめて例外的である。ほとんどの状況では正の同類交配が見られる。本章の冒頭で指摘したとおり、法律家は正の「交配」をする。いわゆるベスト&ブライテストは選りすぐりの有力事務所に集まる。彼らはイエールやハーバードなどのロースクールでともに論文作成に取り組んだ仲だ。それ以前の学部生時代も他のとびきり頭が良く成績優秀な仲間たちと一流校で過ごした人が多い。

実際「コース分け」はもっと早い時期から始まる。私の子供が通う高校で、数学の授業が五つの「コース」に分かれているのはその一例だ。一番優秀な学生たちを一つのグループにまとめ、他の学生と区別する。先述のアディソン以下四人が高校生で、生まれつきの数学能力に応じて序列をつけられているようなもので、私の子供の通う学校（周囲の学校もみな同じだが）は正の同類交配を良しとしていることになる。アディソンとベイリーが同じクラス、クリスとデボンが同じクラスになる。もちろんこれは数学に限った話ではない。最終学年では上のクラスの生徒たちはアドバンスト・プレースメント（AP、大学の単位を取得できる授業）ばかりを選択する一方、他のクラスの生徒たちはAPなど一つもとらないようになる。そうなるとアディソンとベイリーはさまざまな授業でしょっちゅう顔を合わせることになる（そしてプリンストン大学への出願手続きがどれくらい進んでいるか情報交換をする）一方、クリスとデボンは同じ授業を受け、他の二人とはめったに会わなくなる。

このような選別をする理由はかなり明白であり、デートサイトで見られる正の同類配合とはまるで違う。デートサイトでは誰と一緒に過ごしたいかによって相手を選ぶのに対し、授業は生徒たちが全体として一番効果的に学習できるようにグループ分けをする。デボンとアディソンを同じ数学のクラスにしたら、教師はデボンのためにペースをひどく遅くしてアディソンの学習を妨げるか、アディソンが興味を持てるような速さで授業を進めてデボンを取り残すかの選択を迫られる。デボンとクリスを同じクラスにまとめ、アディソンとベイリーを別のクラスにしたほうが全員の学習の総量は大きくなる。

とはいえこのようなやり方だと、クリスとデボンに不利益が生じる。スーパーマーケットのレジ係が同僚に影響されるのと同じように、生徒たちも周囲に影響される。場所や時代によって程度は異なるが、経済学者のほか、他の社会科学の研究者も学校には重要な「ピア効果」〔意識・能力の高い集団に身を置くことでお互いを高め合う効果〕が見られることを指摘してきた。[★11] アディソンがクラスに加わると、全員の学習量が少し増える。デボンが加わると全員の学習量が少し減る。クラス全体の学習到達度はアディソンが他の優秀な生徒と同じクラスにいるときほど高くなるが、少なくともデボンは蚊帳の外に置かれるといった小さな代償を支払う。クラスのレベル分けという正の同類交配は最適な解かもしれないが、社会経済的階層を登るのをいっそう難しくする要因の一つとなる。

良きにつけ悪しきにつけ、また公平か否かにかかわらず、世界は正の同類交配に満ちている。マッチ・ドットコムやそれ以外のカップルが生まれる場で頻繁に目にするし、他の領域でも同じだ。われわれは自分と似たような人と生活し、学校に行き、働きたいと思うのであり、実際そうしたほうが一般的に生産性は高まる（少なくとも特定の分野においては）。

違うタイプの人と交わるべきではないかという思いはあるかもしれないが、それは本能に抗うことだ。自然科学の研究者によってイスカ（鳥）、アイスランド・イトヨ（魚）、アメンボ（昆虫）もくちばしや身体の大きさによって正の同類交配をすることが示されている。[★12] われわれ人間が彼らと違う理由があるだろうか。

第８章のおさらい

「正の同類交配」とは……

人がパートナー関係あるいは集団を形成する方法には秩序があり、ランダムなマッチングより一般的に「良い」結果につながる。

経済学の大切な教え

われわれはさまざまな場面（家族、職場、居住地域）において、メンバーではない人と比べてメンバー同士の類似性が高くなるようなかたちで集団を形成する。

「正の同類交配」を研究する経済学者による実証研究の貴重な成果

多くの職場環境においては、最も生産性の高い従業員を最も生産性の低い従業員と組ませることが合理的選択となる。スター選手は怠け者の働きぶりを改善する一方、怠け者はスターのパフォーマンスをそれほど落とさない。

「正の同類交配」の観点から言うと、恋人探しは……

ダンスをすること、スーパーマーケットのシフトを決定すること、数学の授業を能力別に分けることに通じるところが多い。

恋愛に関するアドバイス

結局は自分とよく似た人と一緒になるので、それを受け入れて前に進んでいこう。

第9章

能力への報酬

教育とルックスは報われる

たで食う虫も好き好きとは言うものの、人を確実に魅力的な存在にする特徴というのはいくつかある。まず浮かぶのはルックスとおカネだ。人生のパートナーとは長い時間を過ごすので器量が良いに越したことはないし、おカネがあれば異国への旅、すてきな家など物質的目標を叶えるのが楽になる。正直に認めてしまうと、他の条件が一定なら私もパートナーが美人でお金持ちであるほど幸せになれると思う。

デート市場における外見と財力の重要性を証明した研究の一つ[★1]が、ギュンター・ヒッチュ、アリ・ホータチュ、ダン・アリエリーによるものだ。ボストンとサンディエゴに住む二万二〇〇〇人のオンラインデート・ユーザーを調べたところ、男性は魅力的な女性を、女性は魅力的でお金持ちの男性を探しているというかなりわかりやすい結果が出た。もちろん重要な属性は他にもあるが、外見と財力は強い吸引力となる。研究として外見の影響を見きわめるには、外見が良いのは誰かを判断しなければならないが、それは通常、学部生を有給で雇って写真を見ながら数値尺度で判断してもらう。* この種の研究では複数の学生による格付けは一般的にきわめて似通った結果になっていることからも「魅力」を比較的客観的に格付けすることは可能なようだ。

ではデートサイトでルックスが良いとどれほどプラスになるのか。想像はつくと思うが、かなりプラスになる。あるユーザーが別のユーザーから連絡を受ける頻度を予測する変数として、ルックスに匹敵するものはない。魅力度が上位一〇％に入っている人が受け取るメールの数は、外見が平均的な人のほぼ二倍にのぼる。また外見が平均的な人は、サイトユーザーの中で魅力度が下位一〇％の人と比べてほぼ二倍のメールを受け取る。またヒッチュらの研究では興味深いことに、男性に限って「スーパースター効果」が確認された。かっこよさでトップ五％に入る男性は、トップ六〜一〇％の男性の二倍のメールを受け取っていたのである。

オンラインデート・サイトのオーケーキューピッドも、ユーザーの魅力と受け取るメッセージの関係について独自に分析している。サイトのブログには「美女は十人並みの女性の四倍、見た目の悪い女性の二五倍のメッセージを受け取っている」とある。

全体としての見た目の良さは重要だが、それ以外の個別の身体的属性にもまた重要なものがある。長身の男性は連絡を受ける回数が多い反面、女性は中背のほうが長身あるいは背の低い女性よりも人気がある。太りすぎの人は体重のルックスの格付けへの影響を差し引いても連絡を受ける回数が少ない。さらに誰もがそう思い込んでいるように、ブロンド女性のほうが連絡を受ける頻度は多い（とは言っても影響はかなり小さいが）。ブロンド女性が本当に一緒にいて楽しいか否かはわからないが、他の髪色の人より多少人気があることが立証されている。

見た目はたしかに重要だが、重要なのはそれだけではない。少なくとも女性にとっては。他の条件が一定ならば、年収二五万ドルの男性は年収五万ドル未満の男性より接触される回数は二・五倍になる。男性はそこまで年収にこだわらない。年収の高い女性が受け取るメールの数と低い女性が受け取るメールの数に明らかな差はない。

ヒッチュらは異性を惹きつけるのにいくらか影響する要因を他にも見つけたが、ルックスと財力に匹敵するものはなかった。教育水準はデートサイトでの男性の魅力を高めるのに多少影響したが、女性の魅力には一切影響がなかった。女性は法律家、医者、軍人、そして（いかにもという感じはするが）消防士の男性に魅力を感じる（経済学者が挙がっていないのは、サンプル数が小さすぎるからに違いない）。一方、男性は女性の職業には一切こだわらない。どうやら男はみなろくでなしで、

＊ボストンとサンディエゴのオンラインデート・ユーザーの調査では、外見の格付けはシカゴ大学の学部生が行った。シカゴ大の学生は魅力的な人間とはどういうものかわかっていないと皮肉りたいところだが、デートサイトのデート・マイスクール・ドットコムによると、「ルックスランキング」では、シカゴ大はＵＣＬＡとチアリーダーの多いオクラホマ大学に次ぐ上位につけているそうだ。

女性のルックスしか興味がないというのは本当らしい。

ボストンとサンディエゴのデートサイトで魅力的と思われる属性は、当然ながら韓国で魅力的と思われるものとほぼ同じだった。スヒュン・リーは韓国のデートサイトで知り合ったカップルが、最初に接触したときから婚約を決めるまでを追跡した。そうすることで韓国の人々が恋人ではなく配偶者に何を求めているかを明確に把握することが可能になった。

リーもまた、男性は他のあらゆる属性よりも圧倒的に外見に関心を持つのに対し、女性は外見、資金力など複数の属性に関心があることを確認した。たとえば韓国の典型的な女性は、並外れてハンサムな男性と、その人物より年収が四万四〇〇〇ドル多い十人並みの男性に同じくらい魅力を感じていた。それに対して典型的な男性は、並外れて魅力的な女性より年収が少なくとも一五万ドル多くなければ、十人並みの女性を選ばなかった。つまり男性は女性と比べて、相手の美しさに三倍「払う」価値があると思っているのだ。

特段驚くことではないが、このように「いい男」や「いい女」はデートの誘いを受けることが多く、おカネのある男性のほうが女性には魅力がある。同性愛者向けのデートサイトで魅力的と見なされる要因が何かについては正式な研究はないが、実例を聞くかぎり状況は異性愛者用のサイトとかなり似ているようだ。外見と年収（少なくとも就業していること）が重視される。このような研究結果（外見や財力が重視されること）は進化心理学や進化生物学と関連づけて説明されることが多いので、経済学と何のかかわりがあるのかとみなさんは訝しく思うかもしれない。「かかわり」は二つある。

第一に、パートナーに財力や外見的魅力などの特徴を求めるというのは、第1章で述べたように経済学者が人々の効用のメカニズムを研究するうえで当然注目すべき分野の一つなのだ。すでに述べたとおり**効用**は**幸福**と同義であり、われわれは自分の幸福の増大につながると思うような意思決定をする。オンラインデート市場の研究からは、男性は魅力的な女性と一緒にいると幸福になり、女性は財力があって魅力的な男性と一緒にいると幸福になることが読み取れる。

第二に、本章で詳しく見ていくとおり、誰もが何らかの特性を持って生まれてくるか、あるいは生きていくなかで獲得していく。とりわけ頭の良い人もいれば、とりわけ見た目の良い人、スポーツに秀でている人などさまざまだ。市場ではこうした特性に価値があり、交換できる。デート市場で私が交際できるのは、教育水準が高く（とびぬけて多くはないが）そこそこの収入があり、あきれるほどハンサムな（ここには多少主観が入っている）中年男性に惹かれる女性たちだ。ではこうした特性が、雇用市場での地位にはどのような影響を及ぼすか考えてみよう。

魅力的だと得をする

テキサス大学の経済学者ダニエル・ハマーメッシュは労働経済学で数多くの重要な研究をしている。ただ学術界以外にその名を知らしめたのは外見と所得の関係に関する数々の研究[★2]で、『美貌格差』（東洋経済新報社）などの著書がある。ハマーメッシュとジェフ・ビドルは一九九四年、外見的魅力と所得の関係を入念に調べる初めての経済学的研究を実施した。

一九七〇年代にアメリカとカナダで行われた個人の魅力度に関するデータを含む多数の調査をもとに、ハマーメッシュらは「人並み以下」の外見の人は平均的に、能力が同等で外見が人並みの人と比べて収入が一〇～一五％少ないことを明らかにした。一方、外見が「人並み以上」の人は、人並みの人と比べて収入が五～一〇％多かった。男性は女性と比べて、魅力的ではないことに対するペナルティがやや大きく、魅力的であることに対する見返りも少なかった。つまり女性のほうが魅力的であることによる収入の上乗せは大きく、魅力的でないことに対するペナルティは小さかったわけだ。

太っている人は器量の悪い人と同じような目に遭うと思うかもしれない。だがハマーメッシュらの研究では魅力度が一定な場合、ほとんどの集団において体重と収入の間に密接な関係がないことがわかった。相当なサンプル数があり、体重についての詳しいデータも含まれているある研究では、五〇ポンド（約二三キロ）体重過多な白人女性は「身長と体重のバランスが適切」な白人女性と比べて約八％収入が低いという結果が出たが、それ以外の性別や人種、民族で労働市場において太っているために不利益を被ることはなかった。

美しさと体形に関するこうした研究結果は、デート市場に関するものとまさに一致することに注目してほしい。見た目の美しさはプラスだが、美しさという変数を調整してしまうと体重が多いだけではそれほどペナルティを受けない。ただデート市場で外見的に魅力的な人のほうが注目される理由はわかりやすいのに対し、雇用市場で外見的魅力が価値ある資質と見なされる理由ははっきりしない。ハマーメッシュらはなぜ美しいと得をするのかを突き止めるのに膨大な時間を費やした。

一つ考えられるのは、見た目の良さは生産性が高い、つまり見た目が良いと雇用主にとっての価値が高まるということだ。この効果は特に俳優、そしてある程度はスポーツ選手（見た目が良いほどスポンサーがつく）や政治家にとって重要だ。しかしたとえば見た目の良さによって、法律家としての能力が高くなるということはないだろう（モデルばりの弁護士ばかりが登場するテレビの法廷ドラマは別だが）。それとも実際に高くなるのか？

ビドルとハマーメッシュは一九七〇年代から八〇年代にかけての大手名門ロースクールの卒業アルバムを集め、写真とロースクールによる卒業生調査の結果を照合した。当時は正確な評価をするには女性の弁護士の数が足りなかったので、調査は男性のルックスに的を絞っている。その結果、見た目の良い弁護士のほうがそれほどでもない弁護士より収入が多く、その効果は時間の経過とともに大きくなることがわかった。すなわちロースクールを卒業した直後は、見た目の良いことに対する報酬の上乗せはごくわずかであるのに対し、卒業から五年後にはハンサム・プレミアムはかなりの額になり、一五年後にはさらに大きくなるのだ。プレミアムが増加する理由は二つ考えられ、一つは魅力的な弁護士のほうが仕事を獲得してくるため（法務サービスを必要とする人々が魅力的な弁護士に仕事を頼む）、もう一つは弁護士としての能力にかかわらず事務所のパートナーに昇進しやすいためだ。

大学で統計学や社会科学の授業をとっていた人なら、こんな疑問を抱くのではないか。相関性と因果関係は違う、と。見た目の良さが収入に直結するという以外に、魅力的な人のほうが高収入になる理由は他にもあるかもしれない。たとえば勤勉で野心的な人は、仕事で成功するための努力をするのに加えて、身だしなみの手入れや体形維持にも長けているのかもしれない。その場合、こうした人々がお金持ちで外見が良いとしても、両者は無関係な要因によるものだ。あるいは因果関係は逆方向かもしれない。つまりたくさん収入がある人は、自らの外見に磨きをかけることができる。美容整形、日焼けサロン、会員制スポーツクラブ、高級美容院などは当然おカネがかかる（少なくとも聞いた話では。私はそういうサービスは利用しないし、残りわずかになった髪は自分で切ってしまうこともあるぐらいだ）。

しかし弁護士の調査をはじめ、美しさが収入に及ぼす影響についてのさまざまな調査では、そうした懐疑的見方を打ち消すような強力なエビデンスが出ている。弁護士の調査では、写真が撮られたのは被験者がロースクールに入ったときだ。もし収入が美しさをもたらすなら、学生はロースクールに行く前からお金持ちだったことになる。だが卒業生調査では個人の来歴についてたくさんの質問をしており、その可能性は排除されている。つまり富裕層の出身者だからといって見た目が良いわけではなかった。

見た目の良さと収入の高さの両方をもたらす他の外部要因が存在することを示すエビデンスもな

かった。見た目の良さと収入以外の優れた成果（弁護士の場合は学術論文を書く、学業成績が良い、判事助手の仕事を獲得するなど）との関係性は確認されなかった。あらゆるエビデンスが、生まれつき見た目の良いことが高い収入に結び付くことを示している。

どうやら器量の悪い人は、自分ではどうにもならない理由で収入が低くなるようだ。これもある種の差別と言えるかもしれない。ハマーメッシュとその美しさに関する研究を取り上げたテレビ番組『デイリーショー』では（経済学者を取り上げた番組としては最もおもしろい部類に入るのではないか）、労働市場で「アグロ《醜い》アメリカン」を保護するべきではないか、と冗談交じりにコメントしていた。しかしエビデンスからは、見た目の良い人の収入が高いのは彼らの価値が高いからであり、見た目の良くない人が差別されているためではないことが示されている。

頭が良く学歴が高い人も得をする

デート市場と雇用市場で売りに出されるもう一つの特性が頭の良さ、つまり知性と知識である。頭が良い、一緒にいておもしろい、（恋人や従業員として）価値があるか否かは生まれつきの部分も大きいが、教育を通じて身につける部分もまた大きい。こうしたことから教育はあらゆる個人的特性の中で最も幅広く、また入念に研究されてきた。

すでに述べたとおり、デート市場において教育という特性には直接的価値があるようには見えない。つまり他の要因を一定にすると、教育水準が高い人は恋人候補から接触を受ける回数は多くはない（少なくとも特別多くはない）。ただ教育はデートサイトでの個人の魅力を高める他の要因と関連性がある。その最もわかりやすいものが所得であり、今回はこの点を見ていこう。ただ教育には、たとえば健康状態を良くするなど、魅力度を高めるのに役立つ好ましい効果が他にも存在する。

デート市場で見た目の良い人のほうが引きがあるのと同じように、雇用市場では教育水準の高い人のほうが引きが強い。「教育に対する経済的リターン」については世界中でうんざりするほど研究がなされており、そこから導き出されるメッセージにはどこまでも一貫性がある。教育水準が高いほど、収入の高い良い仕事に就ける、と。

おカネの話をする前に、まずは失業を避けることにおける教育の価値を考えてみよう。大方の国では**失業**は就業を希望しているにもかかわらずできない人の割合と定義されている。**不完全就業**はもう少しざっくりとした概念だが、きわめて重要だ。就業を望んでいるが働いていないか、希望するほどは働けていない、あるいは自らの能力を完全に発揮できるような仕事に就けていない人の割合を指す。時代や場所がどこであれ、常に（まさに例外なく）教育水準が高い人のほうが失業率や不完全就業率は大幅に低い。たとえばアメリカが不況のピークだった二〇〇九年、高校を卒業したものの大学に進学しなかった成人男性の失業率は一一％であったのに対し、大学を卒業した男性では四・七％だった。だが学位の重要性はこの数字だけでは十分伝わらない。というのも不完全就業率では両者の格差はさらに大きいからだ。

失業を避けるのに教育が効果的である、というのは不況期やアメリカだけに限った話ではない。アメリカで雇用市場が堅調であった二〇〇五年には、高卒男性の失業率はわずか四・七％だったが、大卒男性の失業率はさらにその半分だった。[★3] 二〇〇九年の日本では、高卒男性の失業率は六・四％であったのに対し、大卒男性の失業率はわずか三・一％だった。[★4] ここでは男性のみのデータだけを取り上げたが、失業（そして不完全就業）についてはどの性別、人種、年代でも同じような差が見られる。「教育水準が高い」と「失業率は低い」というのは常に対になっている。

もう一つ教育の影響が大きいのは、就業している場合の報酬である。これも研究する地域、時代、対象者にかかわらず同じ結果が出る。教育水準の高い人ほど収入が高い。学生でいる期間が長いとどれくらい収入が増えるかは、もちろん時間と場所によって変わってくる。しかし他の条件が一定ならば、おおよそ学生を一年長く続けると収入は八〜一〇％多くなる。これは相当な違いだ。高校卒業で学校とおさらばするのではなく、短大に進学すると生涯年収は二〇％高くなる。高校を卒業してすぐ就職するのと大学を卒業するのとでは年収は五〇％違う。それも生涯にわたってだ。MBAを取得したりロースクールを卒業すると、通常の大学の学位を取得するよりさらに大幅に増える。残念ながら唯一の例外は博士号で、修士号でやめた場合と比べて収入は増えない。[*]

＊ 経済学者は博士号を取得すると決めた時点で経済学的に誤った判断を下したのかと言われれば、そうとは限らない。収入以外の方法で効用を増やせばいいだけだ。

この件については少し目先を変えて、オーストラリアのデータを見てみよう。最近の調査によると、二〇〇〇年代初頭のオーストラリアでは、高校に一年長く通うごとに時給が一〇%増えていた。[★5] 特に最終学年を修了する効果は大きく、なんと二三%時給を増やす効果があった。学位の取得にともなう急激な収入の増加は**卒業証書効果**と呼ばれる。ただ収入全体への教育の影響はさらに大きかった。というのも、教育水準が高いほど勤務時間は長くなる傾向があったためだ。この研究からはさらに、大学卒業者は高校卒業者よりも四〇%収入が高く、大学院修了者は学部卒業者よりさらに一五%年収が高いことが明らかになった。

他の調査でもかなり似通った結果が出ている。たとえばコロンビアとアルゼンチンでは人口のうち高校を卒業する人の割合自体がかなり低いが、教育を長く受けた人はオーストラリアや他の先進国と同じような経済的対価を享受していた。[★6]

学校や学位を修了することの経済的価値を示している点で、卒業証書効果はきわめて重要だ。[★7] 教育を受けた年数が一年増えるごとに報酬は一〇%近く増えるという原則は全体として正しいが、学位を取得する前にやめてしまうと増分は小さくなる。たとえば中等教育の一二年間を修了した人の収入は、高校卒業の一年前にやめてしまった人と比べて一六%多くなる。しかし教育の一三年目（つまり大学あるいは短大の一年生）を終えても、そこからは二%しか増えない。同じように大学を三年生の修了時にやめると、二年生を修了してやめたのと比べてあまり収入は増えないが、無事に四年間通って卒業すると三年生でやめたときと比べて収入は三〇%以上増える。

私の知るかぎり、デート市場で同じような分析をした研究者はいないようだ。だがデート市場で教育が多少なりとも重みを持つとすれば、そこに卒業証書効果が作用しているのは間違いない。デートサイトのプロフィールの教育欄は「大学」「大学卒業」「大学院修了」といったカテゴリーに分かれており、何年通ったか記入するようにはなっていない。

高学歴は本当に高収入の原因なのか

高学歴の人は高収入であるという点についてはは納得していただけたと思うが、両者の因果関係にはまだ疑問を抱いているかもしれない。「教育水準が高くなることが、本当に収入を増やす原因なのか」と（それを聞いたら、あなたの高校時代にアドバンスト・プレースメント・プログラムで統計学を教えてくれた先生も満足するはずだ）。たとえば、優秀で才能ある人のほうが大学や大学院を楽に感じるのであり（だから長い期間通いつづける傾向がある）、そのような人はそもそも生産性が高い（だから報酬が高い）という話かもしれない。* 収入と教育の関係性が相関関係なのか因果関係なのかを見分けるため、さまざまな経済学者が研究を行ってきた。われわれ労働経済学者がこの問題の解明

＊ここで第4章のシグナリングを思い出してくれた読者にはボーナスポイントを差し上げよう。

に費やした時間は、医療研究者が癌の治療法の解明に費やした時間に匹敵するのではないか。*

教育が収入を増やすのに役立つかを確かめる理想的な方法は、誰かを高校卒業時点で就職させ、その後の人生がどうなるかをしばらく見守ったのち、時計の針を巻き戻し、今度は大学まで行かせて初回より収入が増えるか見てみることだ。もちろん私も映画『バック・トゥ・ザ・フューチャー』を楽しんだ口だが、タイムマシンの研究が成功する見込みは（今のところ）低い。このため経済学者はタイムトラベルと同じような効果のある気の利いた方法を編み出さなければならない。

研究者は一卵性双生児が受けた教育内容、幼稚園に入った年齢と月齢、子供時代の自宅と大学の距離といったさまざまな変数が収入に及ぼす影響を調べることで、教育の因果関係を見きわめようとしてきた。こうした研究に難癖をつけようと思えばいくらでもできる（実際、難癖をつける論文のために山ほど紙が浪費されてきた）が、全体としてエビデンスは「教育と収入には強い**因果関係**がある」という非常に確固たる結論を支持している。少なくとも平均的な人にとっては生涯所得を増やす最高の方法はしっかりと教育を受けることだ。そして少なくとも男性にとっては、教育水準を高めることによる収入の増加はデートサイトでもプラスに働く。

嗜好は変わる。魅力度も変わる

デート市場や労働市場で見た目の良さと教育水準の高さは報われるとはいっても、どちらの市場でもこうした特性は時間とともに変化する。一九二〇年代にデートサイトが存在していたとしたら、そこで美しいと思われた人々は今とはずいぶん違ったはずだ。私自身の経験を言うと、ミュージシャンのスティングに似ていると言われたことが数えきれないほどある。スティング似ということに魅力を感じる女性もいるだろうし、デート市場ではプラスに作用したかもしれない。だがスティングが（そして私も）歳をとると、その効果は減衰してしまう（話はそれるが、スティングに似ていると言われた直後に、経済学者のデイビッド・カードに似ていると言われたことがある。カードは労働経済学界のロックスターで、その研究成果は本章の議論の裏づけとなっている。二人に似ていると言われて盛り上がった直後、同僚から「歌はデイビッド・カード並み、経済学の研究はスティング並み」と水を差されてしまった）。

　デート市場の嗜好が過去五〇年で変化したのと同じように、教育に対する雇用主の選好はここ数十年で大いに強まった。[★8] たとえば一九七九年から八七年にかけて、高卒者と比べて大卒者に支払われるプレミアム（上乗せ）は三〇％増加した。しかもこの数値は伸びつづけている。

　雇用市場において能力への対価が時間とともに変化する理由をきちんと説明するのは難しい。教育の価値が増大していることの一つの根拠とされるのが**技能偏向的技術進歩**だ。大仰な名前だが、意味するところは単純だ。時間の経過とともに、生産性は機械的能力より技術を使いこなす能力に

＊経済学者のほうが医療研究者より成果を挙げているというのは、喜ぶべきか悲しむべきか難しいところだ。

左右されるようになる。この変化の主要な推進力となっているのは言うまでもなくコンピュータだが、他の技術変化も重要な役割を果たしている。たとえば今日の自動車やソファを製造するのに必要な工数は、数十年前よりはるかに少なくなっている。

グローバル化もこうしたトレンドに拍車をかけている。一九九〇年代初頭に私がシリコンバレーのハイテク企業で働いていた頃、コンピュータやコンピュータ部品は私がマーケティングの仕事をしていた席のすぐ脇でつくられていた。だが今日ではそうしたコンピュータ機器はアメリカで製造されておらず、かってそうした製品をつくっていた教育水準の低い国内労働者の賃金には下方圧力がかかっている。

技能偏向的技術進歩が教育の価値を高める要因であるのは間違いないが、唯一の要因ではなさそうだ。それを示すエビデンスの一つは、技術進歩が最も急速に進んでいた時期（たとえばインターネット勃興期の一九九〇年代末など）は、教育の価値が伸びていなかった時期と一致していたことだ。ファッションやデート市場のトレンドと同じように、労働市場についてもすべてを説明できるわけではない。

（デート市場その他の）スーパースター

教育の価値の増大は労働市場であらゆる人に影響を与えてきたが、トップ層のみに影響してきたもう一つの変化がある。デート市場のスーパースター効果を覚えているだろうか。男性のトップ五％は次の五％と比べて二倍、全体平均と比べると数倍のメッセージを受け取っているという話である。労働市場にもスーパースターがいると聞いても、特に驚かないかもしれない。二つの市場のスーパースターに共通する重要な特徴は、どちらも時間の経過とともに人数が増え、報酬も高くなっていることである。★9

スーパースターの台頭も、技術進歩の産物と言える。一九五〇年代にはそれなりに成功しているスタンドアップ・コメディアン（独演芸人）がそれこそ何千人もいた。一〇〇年前にはそれなりに成功しているオペラ歌手や靴職人が大勢いた。だがいまや状況は変わった。成功しているコメディアンはまだ大勢いるものの、それなりにやっていけるという層は減少する一方、五〇年前のコメディアンには想像もできなかったほどのとほうもない成功を収めている者が何人か出てきた。

一九五〇年代の優れたコメディアンは演芸場あるいは保養地で舞台に立ち、国中をまわってそれなりの規模の観衆を集めていただろう。だがテレビやインターネットのおかげで、ルイス・C・K、ジェフ・フォックスワーシー、クリス・ロックらは一九五〇年代の成功譚などかすんでしまうほどの大金持ちになった。今でも演芸場に足を運ぶ人は多いが、ケーブルテレビ局のHBOスペシャルや動画配信サービスのネットフリックスでスーパースター・コメディアンを観るという別の選択肢もできた。その結果、スーパースターとそれに次ぐ人々の才能の差はごくわずかであるにもかかわらず、後者の犠牲のもとに大勢の観衆が一斉にスーパースターの芸を見られるようになった。誰もが簡単に同じコメディアンを観られるようになったため、トップ層がスーパースターになったのだ。

同じ現象がオペラ歌手にも起きている。一八〇〇年代には大勢のオペラ歌手が世界中をまわり、現地の聴衆のために演じていた。しかしレコード、ラジオ、それからテレビの台頭によって、まずはマリア・カラスが、続いてジョーン・サザーランド、最近では三大テノールが先例のない富と知名度を獲得した。同じようにラジオ、テレビ、そしてライブ会場の収容人数の拡大によって、ビートルズ、U2などが、実力の面ではほとんど差のない他の何千というロックバンドを尻目にとびきり金持ちになった。

デート市場のスーパースターにとっても、こうした現象が追い風となる。とびきり見た目の良い人はマッチ・ドットコムやオーケーキューピッドを利用することで、シングルズバーを一軒ずつまわるのと比べてはるかに大勢の相手に魅力を振りまくことができる。残念ながら私のルックスではマッチ・ドットコムのスーパースターになることは望めないので、ピアノや漫談の腕を磨きつづけるしかない。だがルックスに恵まれた人にとってオンラインデートの登場はまさに僥倖《ぎょうこう》であった。

アメリカは君を必要としている。でも企業は？

軍で働く男性は民間人よりもデートサイトでのウケがいい。仲間と協力すること、最高の体調を維持すること、専門能力を発揮することなど、軍では有益な能力がたくさん身につく。だから雇用市場では軍で勤務した経験は報われそうだ。

イスラエル、韓国、トルコなど徴兵制のある国では、兵役に就いたことのある人とない人を比較できないため、軍隊経験に価値があるか見きわめるのは不可能だ。ただ志願制の場合も難しさはある。教育と同じように因果関係については慎重に考慮する必要があることだ。アメリカでは現在、兵役は志願制である。ただ経済学者のジョシュ・アングリストは、ベトナム戦争は興味深い事例であることに気づいた。[★10] 当時は選抜徴兵システムによる抽選で徴兵される人と徴兵免除される人が決まったため、徴兵された人と同等の経歴や能力を持っているのに徴兵されなかった人とを比較することできたのだ。その結果、少なくとも一九五〇年代初頭に生まれた白人男性の場合、除隊から少なくとも一〇年間は兵役に就いていたことで収入が約一五％少なくなったことがわかった。一方、マイノリティの男性については収入へのマイナス影響は認められなかった。

いつの時代もこうした結果が出るのか見きわめるのは難しい。アメリカではベトナム戦争の評判がことさら悪かったので、ベトナム帰還兵が不当な不利益を被った可能性がある。タイでは現在徴兵に抽選が採用されているため、[★11] 経済学者がその気になれば兵役に就いた人が労働市場でしばらく経験を積んだ時期を見計らい、兵役の価値を研究できるかもしれない。今のところ経済学者は兵役がキャリアに及ぼす影響について、一般的にこうだと言えるところまでは来ていない。

結局はコネ

最後にもう一つ、デート市場、労働市場、そしてビジネス界全般で大きな経済的価値があり、たっぷりと見返りのある属性を取り上げよう。ソーシャルスキル（社交性）だ。人脈がなければどうにもならない。ただインターネットがソーシャルスキルの価値にどのような変化をもたらすかという点においては、デート市場とそれ以外には興味深い違いがある。デート市場においてはソーシャルスキルをインターネットで代用できるのに対し、労働市場やビジネス界ではソーシャルスキルの価値をインターネットが一段と増大させるのだ。

私は従来型の恋人探しが嫌いだった。たとえば友人に誰かを紹介してもらうのは、デートが失敗したときに紹介者をがっかりさせることになるので嫌だった。また（たいていの人はそうだと思うが）私も職場恋愛はなるべく避けたい派ではあるものの、職場以外に出会いのチャンスは少なかった。インターネット・デートによって新たな女性と知り合い、うまくいかなければさっさと縁を切ることが簡単になった。もう友達や家族や知人に頼らなくても恋人探しができる。

労働市場において、コネはいつの時代も重要な要素だった。経済学者が雇用市場やビジネス界における人脈の重要性を研究しはじめたのはごく最近のことだが、社会学者はこのテーマを長年研究してきた。一九七〇年代にマーク・グラノヴェッターが手掛けた先駆的研究[★12]では、ある意味当然の結果が示された。誰と知り合いであるかが重要である、と。知り合いを通じて仕事を手に入れる人は多く、仕事がほとんどそれで決まってしまう分野もある。家族に雇われるケースもあれば、友人の紹介あるいは教会やクラブの仲間のアドバイスで仕事を手に入れることもある。

インターネット就職サイトは、それがなければ出会う機会のなかった人と企業を引き合わせるという点において、デートサイトと似ている。ただインターネット上には、すでに知っている人の価値を高め、「誰と知り合いであるか」にかつてないほど重要な意味を与えたサイトもある。リンクトインのビジネスモデルは、まさにこうした考えに立脚している。リンクトインを使えば簡単に人脈を広げ、活用できるようになった（紹介状を書いてもらったり、知り合いの知り合いと接触するなど）。それも二〇年前にはとびきり要領の良い人が、分厚い名刺ファイルと電話を駆使してやっていたようなレベルで。

本章では重要な知識をいろいろ紹介してきたが、残念ながら誰もがそのすべてを活用できるわけではない。まず見た目が良いのは大きなプラスだ。恋人は簡単に見つかるし、収入も増える。ただ器量が悪くても、望みを捨ててはいけない。学業を続ければよいのだ。そうすれば収入は増えるし、結果的にあなたの魅力は高まる。器量が悪くて勉強もどうしても苦手なら、人脈づくりにいそしもう。人脈が豊富だとより良い仕事を獲得するのに役立つので、知り合いを増やそう。不幸にも器量が悪く、人付き合いが嫌いで、勉強も苦手だと今はなかなか状況は厳しいかもしれない。それでも望みを捨ててはいけない。すでに見てきたとおり、デート市場や労働市場の嗜好は時間とともに変わるのだ。もしかすると今ちょうど「非社交性と見た目の悪さに偏向した技術進歩」の時代が始まろうとしているかもしれない。

第9章のおさらい

「能力への報酬」とは……

見た目の良さ、頭の良さといった先天的・後天的特性には市場価値があり、他の価値と交換できる。

経済学の大切な教え

他の人から見て価値のある能力や属性を備えている人は、その見返りを得られる。

「能力への報酬」を研究する経済学者による実証研究の貴重な成果

教育を受けた年数が一年延びるごとに、その後一生涯にわたって収入は平均八〜一〇％増える。

「能力への報酬」の観点から言うと、恋人探しは……

仕事の報酬の決まり方、大学に進学する価値、超有名オペラ歌手を目指す理由に通じるところが多い。

恋愛に関するアドバイス

女性は美しさを磨き、男性は給料アップを目指そう。

第10章 家族

家庭での交渉

オンラインデートを楽しむこと自体が目的という人もいるかもしれないが、デートサイトのユーザーのほとんどは長期的な関係を求めている。ただ、カップルが結婚あるいはそれ以外の長期的関係を結ぶことを決めたとしても、経済学とのかかわりはまだ終わらない。むしろお楽しみはそこからだ。

アメリカで一九五〇年代後半から六〇年代初頭に放映された、テレビ番組シリーズ『ビーバーちゃん』の風景を思い浮かべてもらえれば、その理由がわかるはずだ。年配の読者やケーブルテレビでよくドラマを観る方は、番組の中心となるクリーバー一家をよくご存じだろう。クリーバー家は当時のテレビ番組に登場する典型的な家族であり、ある程度はリアルな家族像を描き出していた。郊外の居心地の良い家に暮らし、一家の「主」であるウォード・クリーバーは日々オフィスに出勤し、詳細不明のホワイトカラーの職に就いていた。妻のジューンは専業主婦で、家で家族のために家事をしたり、二人の子供の世話の大部分をこなす。上の息子がウォリー、その弟がセオドアこと「ビーバーちゃん」だ。子供たちは学校に通っており、大きくなったら父親と同じような仕事に就き、同じように郊外で生活するようになるだろうと思われた。

今でも安定感や家庭内の役割分業という面で、クリーバー家と似たような家族は存在するだろう。だがすっかり少数派になった。いまどきのクリーバー家なら、ウォードは家族と別居しており、ジューンは有給の仕事に就き、夫婦の両方あるいは一方が自宅で仕事をしたり、不規則勤務をしていたりする可能性が高い。

『ビーバーちゃん』の時代と何が変わったのか

「変わらなかったのは何か」と尋ねるほうが簡単かもしれない。アメリカをはじめ先進諸国ではモノ、サービス、労働市場の需要と供給をめぐるさまざまな変化にともない、伝統的家族の定義が急速に変化してきた。同時に社会規範も変化した。少なくともその一因は経済発展であり、それが家族構造にさらなる影響を及ぼしてきた。まず家族に重大な影響を与えた主要な経済的変化から考えてみよう。

第一に、家庭を営むための技術が過去半世紀で大幅な変化を遂げた。簡単に言えば、以前と比べて家をきちんとした状態に保つのははるかに楽になった。冷蔵庫の登場によって食料を長く保存できるようになり、買い物に費やす時間が減った。家電の進歩によって掃除、料理（個人的には電子レンジがない時代の人たちがどうやって生活していたのか想像できない）、洗濯にかかる時間もぐっと減った。食品メーカーは手頃な値段の質の高い調理済み食品を開発した。その結果、かつてわれわれ（というより女性たち）が家事に割いていた時間は仕事やレジャーに振り向けられるようになった。

同時に労働市場も変化した。ウォード・クリーバーのホワイトカラーの仕事は時代を先取りしていたと言える。過去数十年にわたり、労働市場において「力持ち」であることの重要性はひたすら低下してきた。このトレンドは一〇〇年前に始まったものだ。人類史では、人間は狩猟採集から出発し、続いて農業を始め、産業革命の最盛期には製造業労働者となった。そのいずれにおいても、力の強い人間ほど生産的だった。もちろん世の中には力持ちの女性もたくさんいるが、平均的に職場では男性のほうが有利だった。このため夫婦のうちどちらかが家にとどまり、どちらかが生活費を稼ぐ場合は、男性が家の外で働くほうが合理的だった。

もう一つの重要な変化は（これを経済的変化と呼ぶのは経済学者だけかもしれない）、安全な避妊や中絶の方法が手の届くものになったことだ。ちょっと生々しい話をして恐縮だが、ウォードやジューンのような夫婦がセックスをすると（二人のベッドは別だったが）、ピルが発明される前はウォードが何らかの努力をしないかぎり（普通の男性はしなかったが）、ジューンはすぐに妊娠する可能性が高かった。だが避妊用ピルの登場によって（そしてピルほどの影響力はなかったが中絶という手段の登場によって）ジューン・クリーバーのような立場にいた女性がみな自分の妊娠をコントロールできるようになった。その結果、家の外で仕事をしたいと思う女性たちはそれができるようになった。

重要な経済的変化の最後の一つが、社会福祉制度の充実である。先進国のほとんどでは、国家が子供を持つ人々に最低限の生活（一部の国ではそれ以上）を保障している。こうした制度の手当ては通常、ひとり親世帯のほうが充実しており、伝統的婚姻関係の経済的価値をさらに減じている。

こうした経済変化が起こるのと並行して、それと関連する重要な社会的変化も起きた。変化する経済環境への反応として生じたのかもしれない。第一に、シングルマザーであることにともなうマイナスイメージは大幅に解消された。ここでも主張の裏づけとしてテレビドラマという確固たるデータを使わせてもらうと、『ビーバーちゃん』に登場する主人公の友人にはシングルマザー家庭の子供は一人もいなかった。いたとすれば、その不遇な環境への同情をもって描かれていただろう。一方『TVキャスター　マーフィー・ブラウン』や『ペアレントフッド』など最近のテレビ番組では、婚外子をごく普通の話題として扱っている。

二つめの社会的変化は、離婚率の上昇と離婚をとりまくマイナスイメージの解消である。一九六〇年代の華やかなニューヨークの広告業界を舞台にした『マッドメン』は、さまざまな面で『ビーバーちゃん』の世界と似通った、一九五〇年代の郊外のコミュニティを描いている。『マッドメン』には核家族モデルから逸脱する者に対するコミュニティの強い拒絶感が明確に表れている。近所に住む離婚した母親は村八分にされ、噂話の的となる。現代のコミュニティももちろん村八分や噂話とは無縁ではないが、今では離婚が常にこうした不愉快な副作用をともなう状況ではなくなっている。

こうした変化は少なくとも三つの重要な人口動態的トレンドを生み出してきた。[★1] 女性の有職率は高まり、出産する子供の数は減り（子供をまったく産まない人も増えた）、シングルマザーの割合も高まった。過去半世紀のアメリカのこうした数値変化を振り返ってみよう（他の先進国の傾向も似通ったものだ）。一九七五年から九五年にかけて既婚女性のうち三分の一以上が新たに就業し、就業率は六〇％に達した。三歳未満の子供を持つ既婚女性に限っては就業率はほぼ二倍に増えた。

平均的な世帯規模は一九六〇年の三・四人から、一九九五年には二・六人に減少した。一九六〇年には一五歳から四四歳までの女性一〇〇〇人あたり出生数は一一八人であったのに対し、一九八〇年にはそれがわずか六八人に減少している（この割合はそれ以降、ほぼ横ばいである）。一九六〇年にはひとり親家庭の子供は全体の九％だったが、二〇〇五年には二八％になった。二〇〇五年には新生児の三七％の母親は未婚女性だったが、一九六三年にはその割合は六％だった。

子供は昔ほど効用を生み出さない

ここで視点を変えて、出生率の低下と女性の就業率の上昇が社会の変化と関連していることを、経済学の原則を使うとどのように説明できるか考えてみよう。避妊具、中絶、家電、調理済み食品、そして政府による福祉サービスの供給や価格の変化を受けて、家族が、とりわけ女性たちが自らの効用を最大化させる方法には重要な変化があった。

先に述べたような複数の変化があいまって、就業する女性の割合が高まった。基本的には働くことのコストが減り、メリットが増えた。第一に、かつてはたとえジューン・クリーバーが出産するのを遅らせてしばらく働くことを望んだとしても、ウォードは彼女を身ごもらせてしまうことができたはずだ。だが今では女性がピルを服用し、自らのキャリアをコントロールできるようになった。

第二に、ジューンが担っていた家事は今でも大変ではあるものの、食洗機や洗濯機や調理済み食品によって以前より大幅に楽になった。かつてジューン・クリーバーが日々何時間もかけてやっていたことが、今でははるかに少ない時間でできるようになった（そしてウォードも多少は手伝うようになったり、家事サービスの助けも借りるようになったかもしれない）。しかも一九五〇年代ならたとえジューンが外で働きたいと思っても機会は限られていたはずだが、今ではホワイトカラーの仕事が増えたので、同じような条件の女性もはるかに働きやすくなった。こうして全体として見ると、家事が楽になった結果家の外で働くコストが下がり、女性に適した職が増えた結果、外で働くことのメリットは大きくなり、さらには避妊用ピルによって出産時期が遅くなり、また子供の数が減り、結果的に家の外で働くコストが低下した。

経済学的に説明すると、女性が以前より子供を産まなくなったのは、子供を持つことの「コスト」が高くなったからだ。視点を逆にすると、ピルによって出産を避けるためのコストが低くなったのだ。男性がセックスから受ける効用は昔から変わっていないが、今では夫婦は子供を持たずにセックスにともなう便益だけを享受できるようになった。女性の賃金が相対的に高まったことは、子供を持つことのコストを直接的に増大させた。なぜなら女性が子供の世話をするために時間をとられると、ジューン・クリーバーの時代より失う賃金が増えたためだ。子供というのは昔からさまざまな面でコストのかかるものだが、逸失賃金という面から見るとその増大ぶりはかなりのものだ。

それでもあなたはこう思うかもしれない。たしかに経済的変化は女性の就業を促し出産を減らす要因となったかもしれないが、婚外子がこれほど増えたのも（社会的変化ではなく）経済的変化のためなのか、と。もちろんである。未婚女性が子供を産みたいと思ったとしよう。他の条件が一定であれば、人生のパートナーと恋におち、子育ても一緒にしたいと思うだろう。だが数十年前と比べると人生のパートナーへのニーズは弱まり、自分一人で子供を育てるという選択肢をより前向きに考えるようになった。これについては比較的経済力のある女性とそれほど恵まれていない女性の場合を別々に考えてみよう。

就業している女性はかつてよりたくさんのおカネを稼ぐようになった。収入増加には、自分だけの給料で子供を育てることの実現性を高めるという直接的効果がある。ただ女性の経済力が高まることにはもう一つ、それほど直接的ではない効果がある。家族を持つことの大きな利点の一つは、規模の経済（スケールメリット）が生じることだ。結婚したカップルは別々に暮らしているカップルと同じレベルの快適性を低いコストで実現できる。共同生活は効率性につながる（一緒に暮らすからといって必要なスペースは二倍にはならないし、冷蔵庫やピアノなどは共有できる）。ただアッパーミドルクラス（中流の上）以上の人々は近年ますます豊かになり、規模の経済はそれほど重要ではなくなった。一人でも十分冷蔵庫やピアノを持てるのである。

一方、それほど経済力のない女性はどうか。なぜ彼女たちも婚外子を持つ割合が増えたのか。彼女たちも労働市場での立場は改善した。しかし少なくとも異性愛者の女性については、パートナーになり得る男性のほうはそれほど恵まれてはいなかった。能力も報酬も平均以下の男性は、女性ほど収入が伸びなかった。少なくともアメリカでは、この層の男性の稼ぎは以前より減少している。つまり夫を持つことのメリットが低下したのだ（レズビアンのパートナーを持つ場合は該当しないが）。

それに加えて、ジューン・クリーバーの時代の女性は婚外子をもうけたら自力で生きていかなければならなかった。自分の稼ぎと実家の支援だけを頼りに子供を育てていくことになっただろう。今日のシングルマザーも社会保障では贅沢な暮らしはできないが、扶養児童のいる世帯向け手当（ＡＦＤＣ）や勤労所得税額控除（ＥＩＴＣ）をはじめとする福祉制度のおかげで少なくともまっとうな暮らしを営むのは容易になった。シングルマザーの貧困率は依然として高いが、かつてと比べればはるかに低い。基本的には経済的に恵まれているか否かにかかわらず、夫の必要性は過去の世代の女性より低下した。

家族はどうやって効用を最大化するのか

ここまで経済がどのように家族の構造を変えてきたかを見てきたが、次に経済学がどのように家族内の相互作用を変えてきたのかを見てみよう。本書では数多くの事例を通じて、個人が自らの効用を最大化させるためにさまざまな選択をすることを見てきた。ただ家族はお互いを大切に思っている人の集合体なので、家族の一員が全体のためにどのように意思決定をするのか考えてみたい。その出発点となりそうなのが、『ビーバーちゃん』の提示するシンプルな（とはいえ欠陥のある）枠組みである。クリーバー家のような家族を想像してみよう。夫が大黒柱であるだけでなく、家族全体のために意思決定をするのだ。意思決定の一部（たとえば食事のメニューなど）は妻に任せるが、家族がどこに住むか、大きな買い物は何をするかなど重要なことは最終的に夫が決める。

ただ公平を期すために言っておくと、夫は家族全体の効用を最大化させるような意思決定をする、言わば「善意ある独裁者」である。別の言い方をすれば、夫は家族が集団としてできるだけ幸せになるようにモノや資産を分配する。まるで会社全体の価値を最大化するため、社内のさまざまな部門にリソースを配分するCEOのようでもある。

女性が世の中で力をつけるにつれて、伝統的な家族のモデルは変化した。それでも家長あるいは「役員会」が家族全体の幸福を念頭において意思決定をするというのに変わりはないだろう。そうだとすれば現代の夫婦の意思決定の「結果」は、それ以前の夫婦のものと同じになるはずで、ただ意思決定の「プロセス」に女性が関わるようになったのが違うだけだ。家族を研究する経済学者は善意の独裁者という家族観を**共通選好モデル**と呼ぶ。家族はみな仲間であり、誰が意思決定をしようと同じ結果になる、という見方だ。

夫婦がどのように家事を分担しているか簡単に見てみると、かなりうまい具合に家族全体の効用を高めているのがわかる。すなわち共通選好モデルが正しいように思える。たとえば効用最大化を目指す夫婦は、自分たちの時間を掃除に費やすのがもったいないと思えば清掃サービスを利用するだろう。その理由は、同じ時間を使って清掃コスト以上のおカネを稼ぐことができるから、あるいは清掃サービスにおカネを払うことで、実質的に余暇時間を「買う」余裕があるからだ。

一方、夫婦が清掃サービスを利用せず、庭仕事その他を自分たちでやろうと決めた場合、誰が実際に手を動かすのか。夫婦が効用最大化を目指すなら、二つの要因にもとづいて決定を下すはずだ。家事に必要な時間でより多くの収入を稼げるのはどちらか、そしてどちらがより庭仕事が嫌いかである。レスリー・S・ストラットンによる最近の研究では、イギリスの夫婦は掃除やアイロンを「どちらのほうがよりその作業が嫌いか」にもとづいて分担していることが明らかになった。[★2] 他の男性と比べてそれほど家事が嫌いではないという男性は、より多くの家事を担っていた。ただ男女それぞれにどれくらい家事が好きか尋ねると、男性のほうが家事を嫌う気持ちがはるかに強く、女性が家事をしたほうが家族全体が幸せになることが示された。[*] ストラットンは「掃除や洗濯といった日常的なありふれた作業においてさえ、効用最大化の行動が観察される」と結論づけている。

夫も妻も自分のことが一番大事

家族が全体として最適なかたちで家事を分担していることを示唆するシンプルなエビデンスはあるものの、善意の役員会が家族を効率的に運営しているというのはあまりに現実を美化した利他的な見解であり、さらに詳しい検証に耐えられないことが判明している。実証研究のエビデンスは、善意の独裁者モデルをはっきりと否定している。

家族の構成員はリソースの配分をめぐってせめぎ合い、交渉を繰り返している。経済学者は家族を継続的な交渉の場ととらえるようになった。さながら経営陣とテーブル越しに向き合う労働組合のように。子供のいる読者なら、間違いなくこの感覚がおわかりいただけるだろう。子供は常にいろいろなモノをもっと与えてくれと求めてくる（いつの日か、幼いころ両親が自分のきまぐれな思いつきにすべて応じなかったことを感謝してほしいものだ）。

だが家庭内のリソースをめぐる交渉は、子供と親の間に限った話ではない。たとえば夫婦のどちらかが新たな収入あるいはリソースを得た場合、当人が公平な取り分以上を確保することはよく知

＊ 私を責めないでいただきたい。この研究をしたのは女性である。

られている。共通選好モデルでは、妻のジューン・クリーバーが家の外で働きはじめた場合、クリーバー家はその収入を夫のウォードが昇給を得たときと同じように使うと予想される。だが現実はそんな具合にはいかない。

研究によると、女性の収入が夫の収入より増えた場合、その家庭では外食や女性用の衣類への支出が増える一方、酒類やタバコへの消費が減ることが明らかになっている。食費や被服費が増えるのは、単に妻が仕事用にきちんとした服が必要になったため、あるいは家で料理に使える時間が減ったためかもしれない。しかし酒やタバコの消費の減少は、妻が家庭により多くの収入をもたらすようになると発言力が強まり、夫にそうした浪費をやめろと言えるようになることを示唆しているようだ。

本当に子供を愛しているのは誰？

かつてイギリスで、家庭内の所得配分が支出にどのような影響を与えるのかを見きわめる絶好の機会が生じた。一九七〇年代末、イギリス政府は児童手当の支給方法を変えたのだ。変更前は、子供のいる家庭の源泉徴収税が少なくなるような税優遇措置を設けていた（当時は主にこの制度の恩恵を受けるのは男性だった）。その措置に変えて、子供の母親に直接助成金を渡すようにしたのだ。ある議員はこの政策を「夫のポケットから金曜に使える小遣いを取り上げ、妻の財布に翌週火曜日に使えるお金を入れるようなもの」と語った（だからこんな変更はすべきではないという主張だった）。この制度変更はおカネをコントロールする者が変わることによって支出の内容がどう変わるかを見きわめる実験として、かなり条件の良いものだった。家族の懐に入る金額自体は一切変わらなかったためだ。★3

特に意外ではないが、女性たちは受け取った金額の一部を自分用に使った。先述の研究結果と同じように女性の衣類への支出が増えたのだ。このケースでは、原因は明らかに女性がおカネをコントロールするようになったことだった。女性の就業時間には変化はなかったからだ。それまで男性を通じて家庭にもたらされていたおカネが女性を通じてもたらされるようになったので、女性が自分の洋服への支出を増やした。つまりリソース配分に対する女性の発言力が上昇したのであり、女性たちはその変化を自らの効用増大に生かしたのである。

夫婦が自分のことしか考えていないと言っているのではない。誰でも自分のパートナーが幸せなほうが効用は大きくなることから、経済学者ですら夫婦がお互いを思いやることは認めている。しかしイギリスの女性に関する調査などを見ると、われわれはパートナーのことを大切に思ってはいるものの、少なくとも相手の幸せを自分の幸せほどは重視していないことがわかる。

しかし相手が子供だと話が違ってくる。子供を持つ親なら、子供のことは我が身と同じくらい心から大切に思っていると言うだろう。つまり真に利他的な親は子供の効用を自分のそれと同じくらい大切に思っているはずだ、と。それが事実かどうかはわからないが、先述のイギリスの研究をはじめとする多くの研究では、母親のほうが父親より子供を大切に思っていることが示されている。イギリスの制度改正でおカネが父親ではなく母親に渡るようになると、母親は自分の衣料品への出費を増やしたが、同時に子供の衣料品への出費も増やした。

こうした結果は、一九七〇年代末のイギリスだけに見られるものではなく、また出費の対象も子供の衣料品に限られてはいない。家族の収入への母親のコントロールが強まると、子供の健康状態、栄養状態、途上国では生存率にまで改善が見られた。つまり子供の健康と幸福は、父親よりも母親にとって効用の構成要素として重みがあるのだ。進化論に詳しい者にとっては特に意外感はないが、それでもやはり多少心がざわつく結果だ。子供は（少なくとも一般論では）父親が気にかけてやらなくてもちゃんと育つのである。

離婚は（たとえ実現しなくても）重要である

家族内で誰がリソースを掌握しているかがその配分を決めるうえで重要であることを見てきたところで、今度は家族のおカネの使い方に影響を及ぼす他の要因を考えてみよう。自身の経験をもとに、夫が亭主関白になるか否かは性格に関する変数で決まるのではないかと思う人もいるだろう。しかし経済学者から見ると、それ以外にも重要な要因が一つある。結婚生活に終止符がうたれるリスクである。交渉に関する経済学的モデルで常に指摘されるのは「外部の選択肢」の重要性である。

つまりビジネスでも政治でも、また家族においても、どんな「次善の策」があるかが重要なのだ。たとえば女性が夫に対して説得力をもって「きちんと働かないと離婚する」と言える場合（しかも夫の側が妻を心から愛している、あるいは他の理由で結婚生活を続けたほうが得な場合）、夫はきちんと働こうとするだろう。

昔も今も離婚は楽なものでも楽しいものでもないが、正式な離婚手続きは時代とともに容易になってきた。アメリカでは一九六〇年代を通じて、夫か妻が相手に結婚生活の終結を要求されるほどの行為をした場合に限って離婚が認められた。このため夫か妻が不貞あるいは暴力、あるいは何らかの道徳上の罪を犯したことが証明されなければ、結婚生活を終わらせることはできなかった。双方が離婚に合意していれば、何らかの背徳行為があったことにすることもできたが、それは一方の社会的評価が地に落ちるというコストを伴ううえ、どちらか一方が結婚生活の継続を望んでいる場合は選択肢にもならなかった。

そうした状況が一変したのは一九七〇年頃だ。理由を問わず配偶者のどちらかが婚姻関係の終了を申し立てることのできる「無過失離婚」の制度を導入し、離婚を容易にする試みの先陣を切ったのはカリフォルニア州だ。[★4] 同じような規則が他のほとんどの州で、またカナダやオーストラリアなど他国でも採用された。

楽になったのは離婚手続きそのものだけではない。一九六〇年代の伝統的な結婚生活がうまくいってないケースを考えてみよう。ウォード・クリーバーがとんでもない男だとする。しょっちゅう友達とつるんで飲み歩き、ウォリーやビーバーと過ごすこともなく、ジューンが愛人の存在を疑うような行動をする。だがジューンが家をきれいにし、家事をして子供の面倒も見てくれることがわかっているので結婚生活には満足しているとしよう。

一九六〇年代には、そうした状況でもジューンにはあまり打つ手がなかった。離婚にはマイナスイメージがつきまとい、『マッドメン』に登場する女性のように村八分になるリスクがあったのに加え、この想像上の悪しきウォードが離婚の根拠となるような背徳行為を働いたと証明できなければ離婚するという選択肢すらなかったのである。

しかし一九七〇年代のカリフォルニアでは、ジューン・クリーバーがそんな状況に置かれたら、さっさとウォードのところに行って「しゃきっとしなけりゃ出ていくわよ」と言えるようになった。そんな脅しをかけても何の効果もなく、結局離婚手続きに進むことになったかもしれない。しかしウォードが、自分や子供の世話をしてくれる人にいてほしい、あるいは世間にまっとうな家庭人だと思われたいと考えるタイプの人間なら、無過失離婚の台頭によって、たとえ離婚に至らなくても家庭内のパワーバランスは変化しただろう。このように無過失離婚によって離婚は容易かつ一般的になっただけでなく、それとともに結婚生活が続く場合でも夫婦間の力学は変化した。

ともに経済学者で、長年子供を持つ未婚のパートナー同士であったベッツィ・スティーブンソンとジャスティン・ウルファーズは（二人とも自分の研究成果を真剣に受け止めるタイプなのだろう）、アメリカで無過失離婚の導入が既婚夫婦にどのような影響を与えたかを研究した。★5 同じ州で無過失離婚の導入前と後では状況がどう変わったかに加えて、同じ時期に無過失離婚が導入されていた州とされていなかった州を比較した。二人が調べたのは支出の変化といった穏当なものではなく、もっと重大な結果、すなわちドメスティック・バイオレンス（家庭内暴力）と自殺である。

その結果は、女性に離婚の権利を付与することを強力に支持するものだった。どちらかのパートナーが一方的に結婚生活を打ち切ることができるようにすると、ドメスティック・バイオレンス、夫婦間の殺人、女性の自殺の割合は減少した。悲しいことに無過失離婚が導入される以前は、結婚生活を継続することの次善の策は自殺であると考える女性がいたようだ。

とはいえ離婚を容易にすることにはデメリットもあることを、スティーブンソンは関連する研究で明らかにしている。無過失離婚が一般的になると、パートナーにとって結婚生活に投資するメリットは低下する。つまり配偶者がいつか自分を捨てるのではないかと思えば、夫婦の共通の幸せのために投資しようというインセンティブは薄れる。

パートナーを結婚生活に縛りつけるのはさまざまな意味で好ましくないが、それはたとえばお互いが大学を出るのを支援する動機づけとなる。スティーブンソンの研究では、無過失離婚の導入は結婚したばかりの夫婦にもこうした面で影響を及ぼすことが明らかになった。すなわち無過失離婚が選択肢として認められると、夫婦がお互いの教育費用を支援する割合が明らかに低下したのである。

同性カップルの経済学

状況はそれほど遠くない将来に変わりそうではあるが、現在は世界の大半において同性カップルは法的に結婚できない。この障害によってパートナー間の交渉では、既婚の異性カップルとは異なる力学が働く。同性カップルは比較的容易に関係を解消できるため（この点では同棲はしているものの未婚の異性カップルと同じだ）、どちらか一方が他方を金銭的に支援する、あるいはカップルの子供の世話をするためにキャリアを中断することのリスクは高くなる。パートナーがいずれ貸しを返してくれることを期待して犠牲を払うと、離婚専門弁護士には救えないような痛手を被るリスクがあるわけだ。

子供について考えると、同性カップルと異性カップルでは損得がさらに大きく異なる。ごくわずかな例外を除いて（不妊の異性カップルや、レズビアンのカップルでどちらか一方が男性の協力を得て妊娠するケース）、子供を持つコストは同性カップルのほうが大きい。養子縁組、体外受精、代理出産などはどれも金銭的、時間的、感情的ストレスの面できわめてコストが大きい。同性カップルに対して寛容ではない地域では親も子供も村八分にされるリスクがあり、同性カップルのほうが子育ての感情的コストは大きくなる。同性カップルのほうが代償が大きいことは、アメリカの異性夫婦の家庭の六〇％に子供がいるのに対し、レズビアンカップルではその割合が二〇％、ゲイ男性の家庭

ではわずか一〇％である大きな要因であるのは間違いない。[★6]

なぜいまどきの親はいつまでも子供にまとわりつくのか

こういう考え方は気に入らないかもしれないが、子供の「コスト」は、子供を何人持つかという決定に影響を及ぼすことは納得いただけたと思う。とはいえ子供は産んでおしまいではない。育てなければならない。経済論文には子供を「耐久消費財」と呼ぶケースもある（決して作り話ではない）。たしかに子供は長期にわたって費用と便益をもたらす存在と見ることもできる。

子供のリトルリーグの試合を観に行くかどうか、決めるときのことを考えてみよう（いまどきはサッカーのほうが現実的かもしれないが、私は野球のほうが好きなのだ）。試合に行くのは楽しいかもしれない。ちっちゃなアディソン（最近はアディソンという子が多いらしい）が頑張る姿を見るのも、他の親とおしゃべりをするのも、とびきり競争心旺盛な親同士が殴り合いのケンカをするのを眺めるのも（遠慮することはない）、効用を増大させるのに役立つ。しかしメリットばかりではなく、コストも払わなければならない。アディソンの試合を観に行く時間を仕事に充てていたら、ずっと望んでいた昇進が近づくかもしれない。ジムに行ったり読書に充てる時間も増えたはずだ。では、どうやって意思決定をするのか。

私の両親はリトルリーグの試合など観に来たこともなかった。彼らが格別ひどい親だったわけではない。当時はコーチ以外の子供の親など一人も試合に来なかった。それにひきかえ私は子供が小学生だった頃はリトルリーグの試合は（それ以外のスポーツイベントも）ほぼ皆勤だった。私が特別だったわけではない。一九六五年から二〇〇五年にかけて、大学を卒業した父親が子供の世話にかける時間は一週間あたり約五時間増えた。[★7] 大卒の母親の場合、伸びはさらに大きかった。ジューン・クリーバーと比べて、一週間あたりの子供と過ごす時間は平均九時間増えたのである。子供にかかわりすぎる両親が増えたため、郊外で暮らす現代のミドルクラスには「ヘリコプター・ペアレント」（子供の頭上をホバリングしている親）や、「タイガーマザー」（ひたすら子供を成功に駆り立てる）といった言葉が定着したほどだ。

人々が豊かになって子供と時間を過ごすコスト（つまりその時間に稼げたはずの所得）が上昇したことを考えれば、直観に反する傾向である。親が子供とより多くの時間を過ごせるようになった理由の一つとして考えられるのは、たしかにそれにともなう逸失賃金は増えたものの、昔の世代と比べればはるかに経済力があり、逸失分を差し引いても十分余裕があることだ。とはいえ、この説にはあまり説得力がない。というのも子供と過ごす時間が最も多いのは、収入の多い大卒の両親ではないからだ。

もう一つ考えられる理由は、技術の進歩あるいは単にアウトソースすることで料理、掃除、庭仕事などにかかる時間が減ったことだ。ここまで紹介してきた親が子供にかける時間の増加を示すデータを提供してくれた経済学者のゲーリー・ラメイとバレリー・ラメイは、こうした傾向は親が子供を最高の大学に送り込もうとする努力として一〇〇%説明できると主張する。ただこの説は、このテーマの研究者の間ではあまり支持されていない。

親が子供のバレエやサッカーに多くの時間を費やすようになった理由を説明するのに私自身が最も有効と思うのは第2章で取り上げたゲーム理論であり、これは**囚人のジレンマ**の一例だと思う。親がみな子供の習い事をあまり真剣に考えなければ、みなが「良い親」になり、なおかつ全員子供とは無関係の活動に時間を増やすことができる。

しかし近所の一部の親が試合に行きはじめると、自分も行かなければ子供が愛されていないと思うのではないか、あるいは子供がきちんと育たないのではないかと心配になる。このように誰も子供の活動に時間を費やさないという一つの均衡点と、全員がリトルリーグの試合を観に行くというもう一つの均衡点の両方が存在する。どういうわけか一九九〇年頃、アメリカの郊外に住むアッパーミドルクラスは前者から後者へと移行してしまった。それでも野球のほうがホッケーやミュージカルよりはましかもしれない。

モダン・ファミリーとは何か

ここ半世紀で、先進諸国の典型的な家族のあり方は大きく変化した。その実例として、本章の締めくくりに再び冒頭と同じ科学的研究に立ち戻ろう。そう、アメリカのホームコメディである。

『ビーバーちゃん』が一九六〇年代のミドルクラスの象徴であったのに対し、その半世紀後の同じ層を描いているのが『モダン・ファミリー』だ。ただ両者には重要な違いがある。第一に、モダン・ファミリーの登場人物の生活水準はクリーバー家よりもはるかに高い。この間、教育水準の高いアッパーミドルクラスの所得水準は大幅に増加したのだ。第二に、登場する家族の一つは、夫婦ともに再婚であり、それぞれの連れ子とともに暮らしている。別の家族はゲイのカップルとその養子だ。

最後に、どの親も自由時間はすべて子供と過ごしているようだ。それが子供を良い大学に入れるためなのか、囚人のジレンマのためなのか、あるいは掃除を外注して余暇時間を手に入れられたためかはわからない。理由がなんであれ、親たちは子供のまわりをしきりにうろつきまわっている。こんなに両親と上質な時間を過ごすことができて、子供たちは大きな恩恵を享受しているだろう。でもビーバーちゃんのほうが恵まれていたかもしれない。ジューンが家事に忙しかったために自立することを学ぶチャンスがあったのだから。

第10章のおさらい

「家族と経済学との関わり」とは……

出生率の低下や女性の就業率の上昇を経済学の原則を使って説明すると、家電や調理済み食品、避妊具、政府による福祉サービスの供給や価格の変化を受けて、家族（特に女性）が自らの効用を最大化させる方法に重大な変化が生じたと見ることができる。

経済学の大切な教え

家族も会社や社会と同じように一個の経済体である。メンバーは互いに交渉し、たとえ家族を犠牲にしても自らの利益を追求しようとする。

「家族」を研究する経済学者による実証研究の貴重な成果

政府が児童手当を父親に与えるとビアホールが喜び、母親に与えると婦人服と子供服のメーカーが喜ぶ。

「家族」の観点から言うと、恋人探しは……

ゴミ捨ての担当は誰かをめぐる壮大な駆け引きの前哨戦に過ぎない。

恋愛に関するアドバイス

デートサイトで「この人だ」と思う相手が見つかったとしても、別れたらどうなるかをしっかり考えてから結婚しよう。

おわりに

ここまでミクロ経済学の重要なコンセプトを一〇個、かなり詳しく見てきた。ひと息入れて勉強の成果を確認してみよう。まとめとして、あなたがパートナーを見つけるうえで、またオンラインデート・サイトを改善していくうえで経済学がどのように役立つか、振り返ってみる。そして私自身のオンラインデート経験の結末もご紹介しよう。

まず、経済学は本当に恋人を見つけるのに役立つのか。多少は役立つかもしれないが、本書で議論した内容の大部分は**実証経済学**だ。つまり経済学を使って、われわれの目に映る世界を説明したのである。たとえばサーチ理論は、われわれがオンラインでどのようにして恋人を探すかを説明してくれるが、いつ恋人探しをやめるべきかは教えてくれない。自分が十分満足したかは自分で決めなければならない。

とは言っても、あなたが特別な誰か（あるいは「これで十分」と思える程度に特別な誰か）を探すときに頭に入れておいて損はないことはいくつかある。こちらは経済学を用いてどうすればわれわれがより幸福になれるかを考察する**規範経済学**の領域だ。

第一に頭に入れておきたいのはチープトークの概念、すなわち何事も口で言うだけなら簡単ということだ。私は毎日ジムで鍛えているとか、山ほどおカネを持っているとか、愛情豊かだと言うことはたやすい（どれももちろん真実である）。しかしそう言ったからといって、真実とは限らない。そして残念ながら、他の人々はあなたの発言が口先だけであるのを知っている。デートサイトのプロフィールではウソをついたり誇張しろと言うつもりはないが、ライバルの多くがウソをついたり誇張しているのは忘れないほうがいい。

シグナリングは、口で言うだけなら簡単という現実に抗うための最良の手段である。あなたの発言をチープではなくコストのかかるものにしよう。つまり「言葉を行動で証明する」のだ。ただ本書で見てきたとおり、残念ながら相手に変なヤツ、あるいは薄気味悪いヤツだと思わせずに効果的にシグナリングをする方法を考えるのはなかなか難しい。

私はシグナリングを使えばデート市場のあり方を大きく改善できる可能性があると思うが、ユーザーにシグナリングの機会を与えるかどうかはデートサイト次第だ。韓国で行われたバーチャルなバラを使った実験は、その第一歩としてすばらしい試みだったが、ネット上のシグナリングを新たな次元に引き上げる方法は他にもある。たとえばデートサイトが、ユーザーに誰かへの興味（あるいは財力）を誇示する手段として、相手の名前で慈善団体に寄付をできるようにしたらどうか。たとえばあなたが使っているオンラインデート・サービスからこんなメールが届いたらどうだろう。「ミック３４９があなたの名前で慈善団体の『スプリングフィールド・スープキッチン』に一〇ドルを寄付しました。彼のプロフィールをチェックしてみましょう!」。おそらく相手のプロフィールをチェックして、デートの機会を与えるのではないか。

この手法を使って思想信条を示すこともできる。たとえばこんなメールが届いたらどうか。「ミック３４９があなたの名前で（全米ライフル協会／家族計画協会／民主党全国委員会／ティーパーティ運動の中から好きなものを選んでいただきたい）に一〇ドルを寄付しました。彼のプロフィールをチェックしてみましょう!」。相手がまっとうな団体を選んでいたら、かなり印象が良いのではないか。おカネのかかったシグナルなので、あなたは真剣に受け止めるだろう。相手はまさに言葉を行動で証明したのである。

逆淘汰という概念は、すでにあなたが直観的にわかっている恋人選びのルールを裏づけるものと言える。真剣に誰かと付き合ったことのない人、あるいは交際相手をころころ変える人は、おそらくそれなりの理由があるのだ。統計的差別を誰かに勧めるつもりは毛頭ない（特に世の中の女性のみなさん、別居中の男性に対して構える必要はまったくない）。だがあなたのお母さんが「火のないところに煙は立たず」と言っていたのは逆淘汰のリスクを説いていたのであり、言うことを聞いたほうがいい。

最後に、私をはじめ経済学者なら誰もがするであろう一番のアドバイスは、市場で成功を収めたいなら、まずは市場にエントリーしようということだ。私はさまざまなデートサイトを利用し、初回のデートについてはかなりオープンマインドな姿勢で臨み（「かなり」ではなかったかもしれないが、「それなりに」オープンマインドだった）、基本的に正直であろうと努めた（第2章でみなさんに打ち明けたいくつかの些細な問題点も伝えた）。できるだけ大きなデートサイト（厚い市場）を選び、どうしても譲れない基準だけをもとに相手を絞った。

幸い、そうした努力が報われたことをここで報告したい。初めての相手とのデートをやまほどこなし、複数のデートをした末に失敗したケースも多々あり、さらには半年間交際して別れるという憂き目に遭った末に、私はJデートというサイトで「プロファニー」と名乗る女性にメールをした。Jデートはユダヤ人専用のデートサイトである。そんな場所でデート相手を探すのは間違いではないか、と思われるかもしれない。自分にとって重要ではない基準にもとづいて市場を狭めていた（薄い市場を選んだ）のだから。私は生まれも育ちもユダヤ人であり、子供にはクリスマスプレゼントではなくハヌカー〔「光の祭典」などと呼ばれるユダヤ教の祝日〕のプレゼントを贈っている。だが信心深くはないし敬虔なユダヤ教徒でもない（ハヌカーの正しいスペルも思い出せなかったほどだ）。自分のパートナーがユダヤ人かどうかなどまるで気にしなかった。だが私の住んでいる地域にはとても優秀で教育水準の高いユダヤ系の女性がたくさんいるので、Jデートは私が出会いたいと思っているタイプの女性については厚い市場だったわけだ。

フタを開けてみると、プロファニー（今ではキャサリンと呼ばせてくれるようになった）の職場は私のオフィスから一〇〇メートルと離れていないことがわかった。しかもJデートで使っていたニックネームは彼女のユーモアのセンスを正確に表しており〔「愉快な教授」の意味だが、「ばちあたり」を意味する言葉と響きが似ている〕、カフェ・ボロン（私がオンラインデートの相手と初デートするときによく使っていた店）で出会ってみるととても感じが良かった。私たちはお互いのことをよく知り好意を持つようになったので、それぞれの秘密を打ち明けたときも容易に乗り越えることができた（私の秘密はすでに書いたものに加えて、オンラインデートに関する本を書いているという話、キャサリンの秘密の最たるものはおそろしくブサイクなパグを二匹飼っていたこと）。

私は常識ある経済学者なので、花を贈ったり一緒にシェークスピア・フェスティバルに行ったり、手をつないで長い散歩をしたり、恋に落ちたりといったことを細々お伝えしてみなさんをうんざりさせるのはやめておこう。キャサリンと交際を始めるとすぐに、トレードアップを目指すより彼女だけに絞るほうがはるかにメリットが大きいことがわかったとだけ言えば十分だろう。その根拠は二つあった。第一に、キャサリンは第1章（サーチ理論のくだり）を読んでも即座に私を冷酷な人間だと決めつけて捨てるようなまねはしなかった。第二に、いつも私の自尊心を大いに盛り立ててくれるティーンエイジャーの娘が、絶対にキャサリンと別れてはダメだと言ってくれたことだ。
「パパにはもったいない相手よ」と。

だからもしあなたに今、特別な誰かがいないのなら、今度はあなたが市場にエントリーする番だ。すでに特別な誰かのいる読者には、本書で学んだ概念を踏まえて経済学が身の回りにあふれていることに気づいていただきたい。買い物をするときも、スポーツをするときも（たとえばテニスのサーブを強く打つか、軽く打つかといった意思決定にも経済学がかかわってくる）、プロスポーツを観るときも（ペナルティキックは左と右のどちらに蹴るべきか）、そして映画を観るときも（私のオススメは『大逆転』だ。わずか二時間のドラマに娯楽と経済学の教訓がこれほど詰まった映画はない）、経済学に思いをめぐらせてほしい。来るべき冒険によって、みなさんの効用が最大化されますように。

謝辞

まず二〇一〇年から二〇一二年にかけて、私とデートをしてくれたすべての女性に感謝したい。当時は彼女たちがこのプロジェクトの「データ」になるとは認識していなかったが、結果的にはかり知れない恩恵をもたらしてくれた。

マイケル・マッツェオ、エンリコ・モレッティ、ジャック・レプチェック、スコット・シェーファー、デボラ・サイモン・ルーリー、リジー・スカーニック、アラン・ソレンセンなどは本書のアイデアをともに議論したり、草稿を読んだりするなかで多くの励ましを与えてくれた。

エージェントのゾエ・パグナメンタは、文章の書き方、本書を読んでくれそうな読者層へのアピールの仕方、そして出版業界との仕事の仕方を教えてくれたすばらしい教師だ。常に私を勇気づけ、すばらしいアイデアを持っていて、とても勤勉で、彼女なしにこの本は生まれなかっただろう。

編集者のティム・サリバンは、本書がまだほんのちっぽけなアイデアに過ぎなかったときから、強力にサポートしてくれた。彼の励ましは私のモチベーションを高めてくれたうえに、初期の草稿に貴重な意見を寄せてくれた。

本書に最も貢献してくれたのは（私の次に、と言えるといいのだが）、サラ・クラインだ。二〇一〇年秋に最初のデートをした後、メールで彼女にそのエピソードをかいつまんで知らせたところ、こんな返信をくれた。「あとで本が書けるように、ちゃんと記録をつけておかなきゃだめよ。ちょっと数学の香りがするデートの効率性か何かに関する本になるわよ。しかもハッピーエンド付きの」。本書に数学の香りはしないが、それ以外は心して彼女のアドバイスに従った。さらにサラは本書の各章が仕上がるたびに目を通してくれた。この作品に対する彼女の助言と信頼にはどれだけ感謝しても足りない。彼女のおかげで、この本を読みたいと思ってくれる人がいると信じられるようになった。

ばかげたことを言うようだが、私の犬にも感謝したい。二〇一〇年にオンラインデートを始めた頃、私の最大の仲間であったのがゴールデン・レトリバーのオプスだ。オプスはデート市場における私の最大の売りであると同時に最大の障害であった。デートが不発に終わった日に帰宅すると、オプスに慰められた。女性たちに無視されたり拒絶されたりしても、オプスは楽しげで陽気だった。本当に最高の親友だったが、本書のプロジェクトが始まった頃に亡くなってしまった。その後継者であるジョシーは、執筆中の気晴らしになってくれた。本書にまつわる最高のアイデアは二匹との散歩中にひらめいたものが多い。だが何より重要なのは、オプスとジョシーほど楽観的で楽しいことが大好きな生き物はいないということだ。邪気のない「やったー、なんだか楽しそうだね！」という姿勢を、私はいつも見習おうとしている。ジョシーが本書を二、三冊食い散らす日が待ち遠しくてならない。オプスも加わってくれたらいいのだが。

「おわりに」で書いたとおり、オンラインデートを経験した最大の収穫は、キャサリン・ストーナーというかけがえのないパートナーと出会えたことだ。私という存在を受け入れてくれること自体にとても感謝しているが、特にいつも励ましてくれること、本書のアイデアについて有益な議論の相手となってくれたこと、草稿について貴重な意見を述べてくれたことに感謝する。彼女がこれからもボーイフレンド市場でトレードアップしようという誘惑に打ち勝ってくれることを切に期待したい。

そして最後に、家族に感謝したい。私が本書の執筆をはじめいろいろなことを頑張れるのは、子供たちであるデビッドとルーシーのおかげである。父親がまたデートをしていることで、あまりバツの悪い思いをしていないといいのだが。そして今回の事の顛末を世間に公表することを許してくれればと願っている。デビッドには本書の最終稿の編集ですばらしい仕事をしてくれたことに感謝している。

最後に両親がこれまで私にしてくれたことすべてに感謝したい。本を書けたことをはじめ、今の私があるのは両親のおかげである。父の労働倫理にはいつも刺激を受けてきた。父譲りの気力がなければ、このようなプロジェクトをやり遂げることはできなかった。亡き母のアリス・オイヤーは、本書に関連するさまざまなことを教えてくれた。経済とは最も縁遠い、無条件の愛はその最たるものだ。母のことはいつも思っている。たとえオンラインデートに関するふざけた本であっても、きっとこれを書き上げた私を誇りに思ってくれるはずなので、本書は母に捧げる。

解説

「もっとモテたい！」という切実な悩みから経済学を学ぼう

安藤至大（日本大学准教授）

みなさんは経済学にどのようなイメージをお持ちだろうか。

経済学といえば「陰鬱な学問」と言われることもあり、はっきり言って嫌われ者だ。金儲けや効率性しか考えていない、あるいは、大企業や金持ちの味方などと批判されることも多い。仮に興味を持ったとしても、現代的な経済学教育を受けようとすれば一定程度の数学が必要になるため、一般の人はすぐに投げ出してしまう可能性が高い。

実際、経済学部に進学した大学生の多くは「経済学ってこんなに数学を使うのか！」と驚き、どうにか単位を揃えて卒業すると「もう経済学を勉強しないですむ」と言って喜ぶことになる。私が大学生の頃も、まわりの学生はだいたいこんな感じであった。

しかし最近、経済学に関する優れた教科書や啓蒙書が次々と出版されている。たとえば、評判の高い教科書としては神取道宏『ミクロ経済学の力』(日本評論社)、また啓蒙書としては伊藤秀史『ひたすら読むエコノミクス』(有斐閣)などが挙げられる。手前味噌であるが、筆者も初学者向けに、経済学の前提知識をまったく必要としない教科書『ミクロ経済学の第一歩』(有斐閣)を出版している。最近の教科書はいずれもとても丁寧に作られており、独学でもかなりのレベルまで学ぶことができる環境ができつつあるといえよう。

そんななか、新たに有力な一冊が登場した。それが経済学の入門書にして啓蒙書の本書である。

「オンラインデート」で学ぶ経済学

本書『オンラインデートで学ぶ経済学』は、Paul Oyer, *Everything I ever needed to know about economics I learned from online dating*, Harvard Business Review Press, 2014. の全訳である。

著者のポール・オイヤーは米スタンフォード大学のビジネススクールで教鞭を取る著名な経済学者であり、労働経済学や人事経済学を専門としている。また研究者になる前には、経営コンサルタント会社や事業会社での勤務経験もあるというユニークな経歴の持ち主だ。

これまではおもに学術雑誌に論文を執筆していたオイヤー教授であるが、二〇一四年に一般読者向けの本を二冊出版した。一冊はMBA向けの教科書『道端の経営学』(ヴィレッジブックス)であり、もう一冊がこの『オンラインデートで学ぶ経済学』である。

本書は、インターネットを使った交際相手とのマッチングサービスである「オンラインデート」を題材として、経済学の考え方を丁寧に解説している。しかし、多くの日本の読者は、そもそも「オンラインデート」という言葉に馴染みがないかもしれない。「オンラインデート」と言っても、交際相手となる異性（または同性の場合もあるかもしれない）とのデートをインターネット上で行うわけではない。あくまでデートにこぎつけるまでの出会いの部分をネット上で行うだけだ。

具体的には、まず自分の情報を入力し、さらに相手に求める条件を登録する。そして気になる相手にメッセージを送り、双方が「会ってみたい」と思ったら、実際にどこかで待ち合わせてデートをするという流れだ。

オンラインデートは、いわゆる「出会い系サイト」とは少し違う。出会い系というと、どこか怪しげなイメージがつきまとうが、アメリカでは真剣な交際相手をインターネットで探すことが私たちの想像以上に普通のことになっている。

またその普及を受けて、オンラインで知り合ったケースとそれ以外との比較研究なども活発に行われている。たとえばシカゴ大学のジョン・カシオポ教授が主導した調査研究によると、二〇〇五年から二〇一二年までの間にアメリカで結婚したカップルのうちの三分の一以上がＳＮＳを含むオンライン上で出会っており、またオンラインで出会ったカップルの方が幸福度が高く、結婚も長続きしている。[*1]

このようにアメリカではすでに市民権を得ているオンラインデートだが、いくつかのサイトを見てみると、「住所や電話番号などの個人情報は、信頼できる相手かどうかを確認してから伝えること」といった注意書きや「最初は昼間の時間帯に、人が多いところで会うことが望ましい」といったアドバイスが記載されている。やはり、実際にはインターネットの特性を理解した上で、うまく活用する必要がありそうだ。

人生のパートナーに出会うために

では、日本の若者は（いや、若者に限らないが）、どのようにして交際相手と出会っているのだろうか。

真剣に交際する相手を見つける方法としては、たとえば学生時代の友人、職場の同僚、知人の紹介や合コンなどが日本では一般的だとされている。しかし、このような出会いの機会は、時代とともに変化しつつある。

国立社会保障・人口問題研究所が行っている「出生動向基本調査」を見ると、「夫婦が出会ったきっかけ」については、一九九二年には三五・〇％の人が「職場や仕事」と回答しているが、二〇一〇年には二九・三％まで低下している。一方、「友人・兄弟姉妹を通じて」は同じ期間で二二・三％から二九・七％に増加、さらに、より大きい変化としては、「見合い結婚」が一五・二％から五・二％へと減少している。[*2]

昔は、お節介な親戚や近所のおばさん、職場の上司や先輩が「そろそろ結婚しないのかい⁉」などと世話を焼いてくれることもあった。しかし今の時代、同じ職場で働く異性に気安く声をかけたり、部下や後輩のプライベートに軽々しく言及したりするのは、「セクハラ」とみなされる可能性もあるため、慎重にならなければいけない。そのため忙しく働く社会人は、出会い不足を嘆くことになる。そこで友人に合コンを設定してもらうことなどに加え、最近は結婚相談所を利用して、結婚を前提とした交際相手と出会うケースも増えている。

交際相手を探している若い人の多くは、できれば「自然な出会い」がしたいと考え、「お見合いよりも恋愛結婚」を望んでいる。しかし街中や仕事関係、友人の紹介で魅力的な人物に出会ったとしても、その人が独身か既婚か、結婚をするつもりがあるのかといったことを聞き出すのには時間がかかる。またその意中の人がどんな仕事をしていて、どのような趣味を持っているのか、どのような時間の使い方を好むのかといったことを知るのは、ある程度仲良くなってからだろう。このよ

＊1　カシオポの論文は"Marital satisfaction and break-ups differ across on-line and off-line meeting venues"というタイトルで、『米国科学アカデミー紀要』（Proceedings of the National Academy of Sciences of the United States of America）に掲載されている（http://www.pnas.org/content/110/25/10135.full.pdf）。

＊2　このようなデータに関心がある方は、「出生動向基本調査」のホームページ（http://www.ipss.go.jp/site-ad/index_Japanese/shussho-index.html）をご覧いただきたい。

うな現実を踏まえると、結婚相談所などの利用は、とても合理的な行動だ。その理由は、仲介業を活用する他の分野にも共通している。

たとえば、私たちが家を探すときに、自分で街を歩いて賃貸物件を探すことはほとんどなく、やはり不動産屋に相談したり、インターネット上の不動産検索サイトを利用したりするだろう。アパートやマンションと「自然な出会い」をしたいと考える人はいないはずだ。私たちは、自分で直接探すことや友人に紹介されるだけでは決して出会うことができない理想の家（とは言ってもさすがに一〇〇点満点というわけではないが）を、専門家に相談したりインターネットを使ったりして見つけることになる。

このように考えると、日本ではまだあまり浸透していないオンラインデートだが、一度それが当たり前のものとして認知されると、一般に普及するのは速いだろう。なにしろアメリカでは、すでに三分の一以上の人がインターネットを通じて人生のパートナーに出会い、結婚しているのだ。

事例を通じて経済学を学ぶ

本書の読者は、子持ちの独身中年男性（著者のオイヤー教授のこと）のパートナー探しを通して、経済学の基本的な考え方や、その広い応用可能性について学ぶことになる。取り上げられているキーワードも、「市場」についての抽象的な堅苦しい議論ではなく、とても実践的なものだ。さらに、交際相手と出会う新たな手段としてのオンラインデートの使い方についての知識も深まるという、おいしいおまけもついている。[*3]

オイヤー教授は、経済学の啓蒙書を書くにあたって、オンラインデートを題材にしたわけだが、一般の人たちに経済学の知見をわかりやすく伝えるために身近な事例を用いるのは、これまでもよく行われていた方法である。筆者も、経済学番組「オイコノミア」（NHKのEテレで二〇一二年より放送）の講師を持ち回りで担当しているが、各回のテーマに合わせて視聴者に何をどのように説明するかを制作スタッフと一緒に検討している。これがまた難しいのだけれど。

番組では、これまで副業や転職、友人とのネットワーク構築など様々なテーマを扱ってきたが、やはり視聴者に興味を持ってもらいやすいのは、「恋愛」や「モテ」、「家を買う」など、身近なテーマである。そして本書の「恋愛」や「結婚」というテーマは、まさに興味を引くという観点からはうってつけである。加えて、本書には経済学の前提知識を持たない読者でも楽しめる仕掛けが随所に施されており、オンラインデートの考察から得られた知見がどのように他分野に応用できるのかもわかりやすく示しているため、私たちは身近なところに経済学のアイデアを活用できる場がた

＊3 オンラインデートの活用法については、インターネット上にも様々な記事やビデオが存在する。関心がある方は、たとえば、TEDの「エイミー・ウェブ――私がオンラインデートを攻略した方法」などをご覧いただきたい（https://www.ted.com/talks/amy_webb_how_i_hacked_online_dating?language=ja）。

くさんあることを知ることもできる。

経済学の知識は、活発な経済活動が行われる現代社会において、いわば「ゲームのルール」のようなものである。「ゲームのルール」といえば、法律のことだと思われるかもしれないが、法律は人間が作ったものであり、国によって異なる。これに対して経済活動の背景にあるメカニズムは万国共通のものであり、応用可能性が高い。

想像していただきたい。あなたがサッカーのルールをまったく知らずに試合に出場したら、何が起こるだろうか。ボールを手で触ってしまい、ハンドの反則を取られ、また相手チームのバックラインの先でパスを受け取ろうとしてオフサイドの判定を受ける。それにより、何をすればいいかわからなくなってしまい、途方に暮れることになるだろう。

そう、ゲームのルールを知らずに現場に出るというのは、とても危険なことだ。もちろんルールブックを読めば、必ず勝てるわけではない。しかし、最低限の知識がなければそもそも何をして良いかもわからないのだ。どうせ学ばないといけないのであれば、楽しくやりたいものだ。

大学生が経済学を学び始めるとき、入口のところで困惑することが多い。これまで消費者として商品やサービスを買った経験はあっても、働いて賃金を得たり、会社の経営などについて考えたり、投資の意思決定をしたりといった経験を持つ人は少ないからだ。そのため、理論と現実との読み替えに苦労することも多い。

これに対して、恋愛や恋愛テクニックに興味がある人は（大学生に限らず、多くの人が興味を持っているはず！）、経済学の難解な教科書を読むよりも、本書を入口にした方が経済学的な考え方とその使い方を理解しやすいだろう。また、私たちの人生において、恋愛はとても重要な関心事であるから、そのために役立つ知識を得られることは非常に有意義だろう。

まずは本書を読んでみよう。それから、標準的な教科書を手に取った方が、結果的に短時間で経済学の基礎を理解できる可能性が高い。しかし本書を一回読んだだけで終わりにしてしまうのももったいない。この読書経験を生かすためには、表面的には違っても、実は似たようなロジックが働いている身の回りの現象を探してみることが有用だ。

たとえば、第1章の「サーチ理論」を活用できる領域には、家探しや仕事探しがある。これらについては本書でも採り上げており、どのような点でオンラインデートの市場と似ていて、どのような点で異なるのかを解説している。

他によく似た市場はないだろうか。たとえば子供の学校を探すにも、やはりサーチ活動が必要だ。しかし恋愛市場とは違って、「いつまでに」という期限が設けられている点は違う。四月に入学できなければ困ってしまうだろう。

このように、どこが似ていてどこが違うのか、またその違いが私たちにとって望ましい選択をどのように変えるのかを考えることによって、現実への応用力を身につけることができれば、それで初めて本書を最大限活用したことになるだろう。

経済学をさらに学ぶために

本書をきっかけとして経済学に興味を持ったみなさんには、ぜひその先に広がる広大かつ豊潤な経済学の知見を味わっていただきたい。以下では、私が自信を持ってオススメする経済学の入門書や教科書を紹介しよう。

1. 読みやすい解説書

伊藤秀史『ひたすら読むエコノミクス』（有斐閣、二〇一二年）

日本を代表する経済学者の一人が執筆したわかりやすい書籍である。本書は経済学の教科書ではなく、副読本として位置付けられている。図や数式を使わずに、経済学の考え方や応用の仕方を学ぶことができるという点で、最もオススメの一冊である。

2. ミクロ経済学の基本

安藤至大『ミクロ経済学の第一歩』（有斐閣、二〇一三年）

人々の間で合意に基づく取引が行われると、その当事者すべてが「交換の利益」を得るというミクロ経済学の基礎から丁寧に解説し、市場における自由な取引と政府の市場介入の間の適切なバランスについて紹介している。

3．歴史から学ぶ

ジョン・マクミラン『市場を創る――バザールからネット取引まで』（NTT出版、二〇〇七年）

「市場」には、自然発生的に存在するというより、関係当事者が作り上げていくものという側面がある。取引のルールや手続きを明確にしなければ、円滑な取引は不可能だからだ。本書は、市場とは創られるものであるという視点から、経済活動の基本をわかりやすく紹介している。

横山和輝『マーケット進化論――経済が解き明かす日本の歴史』（日本評論社、二〇一六年）

市場の活用というと最近の話のように感じるかもしれないが、歴史を振り返ると、日本でも昔から市場は存在し、また進化してきた。歴史に関心がある人にとってはこれまでに得た知識を生かせるため、経済学の入口として最善である。

4．経営やビジネスの視点から

ノルベルト・ヘーリング、オラフ・シュトルベック『人はお金だけでは動かない――経済学で学ぶビジネスと人生』（NTT出版、二〇一二年）

多くの人にとって、働くことは人生における重要な取り組みである。「親が大金持ち」「高額の宝くじに当たった」といった例外がなければ、普通は自ら働いて稼いだお金で生活している。経済学の知見を応用する先として、ビジネスは最もわかりやすい分野であり、ドイツのジャーナリストの手による本書は、とても読みやすい。

*

最後に、一つだけクイズを出したい。

オンラインデート・サイトとフェイスブックのどこが同じでどこが違うのか。またオンラインデート・サイトと高速道路とではどうか？

本書を最後まで読んだ方には簡単な問題だろう。正解が知りたければ、ぜひ本書の第3章を復習していただきたい。

読者のみなさんが本書を通じ、経済学のおもしろさと、人生のパートナーに出会うきっかけをつかんでいただければ嬉しい。

★3　児童手当の制度変更が夫婦の支出パターンをどう変えたかは以下の調査を参照。Shelly J. Lundberg, Robert A. Pollak, and Terence J. Wales, "Do Husbands and Wives Pool Their Resources? Evidence from the United Kingdom Child Benefit," *Journal of Human Resources* 32 (1997): 463-480.

★4　無過失離婚制度を導入したことによるプラスの影響は以下を参照。Leora Friedberg, "Did Unilateral Divorce Raise Divorce Rates? Evidence from Panel Data," *American Economic Review* 88 (1998): 608-627.

★5　Betsey Stevenson and Justin Wolfers, "Bargaining in the Shadow of the Law: Divorce Laws and Family Distress," *Quarterly Journal of Economics* 121 (2006): 267-288; Betsy Stevenson, "The Impact of Divorce Laws on Marriage-Specific Human Capital," *Journal of Labor Economics* 25 (2007): 75-94.

★6　Dan A. Black, Seth G. Sanders, and Lowell J. Taylor, "The Economics of Lesbian and Gay Families," *Journal of Economic Perspectives* 21 (2007): 53-70.

★7　子供にかける時間の変化は以下を参照。Garey Ramey and Valerie A. Ramey, "The Rug Rat Race," *Brookings Papers on Economic Activity* (Washington, DC: Brookings Institution, 2010): 129-199.

Demand and Supply of Skills," *Industrial and Labor Relations Review* 68 (January 2010): 307-326.

★7 David A. Jaeger and Marianne E. Page, "Degrees Matter: New Evidence on Sheepskin Effects in the Returns to Education," *Review of Economics and Statistics* 78(November 1996): 733-740.

★8 Lawrence F. Katz and Kevin M. Murphy, "Changes in Relative Wages 1963-1987: Supply and Demand Factors," *Quarterly Journal of Economics* 107 (February 1992): 35-78; and Lawrence F. Katz and David H. Autor, "Changes in the Wage Structure and Earnings Inequality," *Handbook of Labor Economics*, vol. 3, ed. by Orley C. Ashenfelter and David Card (Amsterdam/New York: Elsevier, 1999)

★9 スーパースターに関する経済学的分析を最初に行ったのは以下の文献である。Sherwin Rosen, "The Economics of Superstars," *American Economic Review* 71 (1981): 845-858.

★10 Joshua D. Angrist, "Lifetime Earnings and the Vietnam Era Draft Lottery: Evidence from the Social Security Administration Records," *American Economic Review* 80 (1990): 313-336.

★11 タイの抽選兵役の描写は以下を参照。Janasera Fugal, "Thai Military Draft a Lottery Many Hope to Lose," *Dawn*, April 16, 2011.

★12 Mark S. Granovetter, *Getting a Job: A Study of Contracts and Careers* (Cambridge, MA: Harvard University Press,1974).

第10章　家庭での交渉――家族

★1 V. Joseph Hotz, Jacob Alex Klerman, and Robert J. Willis, "The Economics of Fertility in Developed Countries," *Handbook of Population and Family Economics*, ed. Mark R. Rosenzweig and Oded Stark (Amsterdam/New York: Elsevier, 1997); Shelly Lundberg and Robert A. Pollak, "The American Family and Family Economics," *Journal of Economic Perspectives* 21 (2007): 3-26.

★2 Leslie S. Stratton, "The Role of Preferences and Opportunity Costs in Determining the Time Allocated to Housework," *American Economic Review* (AEA Papers and Proceedings) 102 (May 2012): 606-611.

Public Schools Across Countries," *Journal of Policy Analysis and Management* 19 (1999): 75-92. 他の研究で、他国でも同様の結果が確認されている。

★12 動物の同類交配に関する研究は以下を参照。Jeffrey G. Groth, "Call Matching and Positive Assortative Mating in Red Crossbills," *The Auk* 110 (1993): 398-401; Gudbjorg Olafsdottir, Michael G. Ritchie, and Sigurdur S. Snorrason, "Positive Assortative Mating Between Recently Described Sympatric Morphs of Icelandic Sticklebacks," *Biology Letters* 2 (June 2006): 250-252; Goran Arnqvist, Locke Rowe, James J. Krupa, and Andy Sih, "Assortative Mating by Size: A Meta-Analysis of Mating Patterns in Water Striders," *Evolutionary Ecology* 10 (1996): 265-284.

第９章　教育とルックスは報われる――能力への報酬

★1 Gunter Hitsch, Ali Hortacsu, and Dan Ariely, "What Makes You Click? Mate Preferences in Online Dating," *Quantitative Marketing and Economics* 8, no. 4 (December 2010): 393-427; Christian Rudder, "The Mathematics of Beauty," OKCupid blog, http://blog.okcupid.com/index.php/the-mathematics-of-beauty/; Soohyung Lee, "Marriage and Online Mate-Search Services: Evidence from South Korea," 2009, working paper, University of Maryland.

★2 Daniel S. Hamermesh and Jeff E. Biddle, "Beauty and the Labor Market," *American Economic Review* 84 (1994): 1174-1194; John Cawley, "The Impact of Obesity on Wages," *Journal of Human Resources* 39 (2004): 451-474; Jeff E. Biddle and Daniel S. Hamermesh, "Beauty, Productivity, and Discrimination: Lawyers' Looks and Lucre," *Journal of Labor Economics* 16 (1998): 172-201.

★3 Bureau of Labor Statistics tables, www.bls.gov. にて入手可能。

★4 http://www.oecd.org/japan/48657354.pdf.

★5 Andrew Leigh, "Returns to Education in Australia," *Economic Papers* 27 (September 2008): 233-249.

★6 Marco Manacorda, Carolina Sanchez-Paramo, and Norbert Schady, "Changes in Returns to Education in Latin America: The Role of

下を参照。Lisa K. Jepsen and Christopher A. Jepsen, "An Empirical Analysis of the Matching Patterns of Same-Sex and Opposite-Sex Couples," *Demography* 39 (August 2002): 435-453.

★3 Elaina Rose, "Marriage and Assortative Mating: How Have the Patterns Changed?" working paper, University of Washington, 2001.

★4 イギリスにおける階層移動の研究は以下を参照。Jo Blanden, Paul Gregg, and Stephen Machin, *Intergenerational Mobility in Europe and North America*, London School of Economics report to the Sutton Trust, 2005.

★5 Henry L. Moore, *Laws of Wages* (New York: Macmillan, 1911), 以下に引用されたものを参照。Walter Y. Oi and Todd L. Idson, "Firm Size and Wages," *Handbook of Labor Economics*, vol. 3, ed. by Orley C. Ashenfelter and David Card (Amsterdam/ New York: Elsevier, 1999); *Handbook of Labor Economics* is the source of all figures in this paragraph.

★6 John M. Abowd, Francis Kramarz, and David N. Margolis, "High Wage Workers and High Wage Firms," *Econometrica* 67 (February 1999): 251-333.

★7 スイスで行われた類似の研究は以下を参照。Rudolf Winter-Ebmer and Josef Zweimuller, "Firm-Size Wage Differentials in Switzerland: Evidence from Job- Changers," *American Economic Review* (AEA Papers and Proceedings) 89 (May 1999): 89-93.

★8 Barton H. Hamilton, Jack A. Nickerson, and Hideo Owan, "Team Incentives and Worker Heterogeneity: An Empirical Analysis of the Impact of Teams on Productivity and Participation," *Journal of Political Economy* 111, no. 3 (2003): 465-497.

★9 Armin Falk and Andrea Ichino, "Clean Evidence on Peer Effects," *Journal of Labor Economics* 24, no. 1 (2006): 39-57.

★10 Alexandre Mas and Enrico Moretti, "Peers at Work," *American Economic Review* 99, no. 1 (2009): 112-145.

★11 ベルギー、アメリカ、カナダ、フランス、ニュージーランドでの、授業中の他の生徒からの影響を考察した研究は以下のとおりである。Ron W. Zimmer and Eugenia F. Toma, "Peer Effects in Private and

第7章　マイナスイメージ——逆淘汰

★1　Jennifer Egan, "Love in the Time of No Time," *New York Times*, November 23, 2003.

★2　George A. Akerlof, "The Market for 'Lemons': Quality Uncertainty and the Market Mechanism," *Quarterly Journal of Economics* 84 (1970): 488-500.

★3　Catherine Rampell, "The Help-Wanted Sign Comes with a Frustrating Asterisk," *New York Times*, July 25, 2011.

★4　Robert Gibbons and Lawrence Katz, "Layoffs and Lemons," *Journal of Labor Economics* 9 (1991): 351-380.

★5　Ken Bensinger, "The Frequent Fliers Who Flew Too Much," *Los Angeles Times*, May 5, 2012.

★6　Brad Tuttle, "The $250,000 Airline Pass That Was Worth Every Penny," *Time*, May 8, 2012.

★7　キャピタル・ワンのエピソードは以下を参照。Garth Saloner and Victoria Chang, "Capital One Financial Corporation: Setting and Shaping Strategy," Stanford Graduate School of Business Case Study, (Stanford, CA: Stanford Graduate School of Business, 2004).

★8　Edward P. Lazear, "Performance Pay and Productivity," *American Economic Review* 90 (2000): 1346-1361; and Brian J. Hall, Carleen Madigan, and Edward Lazear, "Performance Pay at Safelite Auto Glass" (A) and (B), Harvard Business School Case Studies (Boston: Harvard Business Publishing, 2000).

★9　http://mistyhorizon2003. hubpages.com/hub/Volvo-Drivers-and-Why-They-are-Dangerous.

第8章　同僚や隣人に同じような人が多いのはなぜ？——正の同類交配

★1　Christine R. Schwartz and Robert D. Mare, "Trends in Educational Assortative Marriage from 1940 to 2003," *Demography* 42 (November 2005): 621-646.

★2　結婚している夫婦とそれ以外のカップルの共通点に関する統計は以

Journal of Law, Economics, and Organization 25 (2009): 339-371.

★4 Yukako Ono, "Market Thickness and Outsourcing Services," *Regional Science and Urban Economics* 37 (2007): 220-238.

★5 照明通りの店に関する描写は以下を参照。Maya Pope-Chappell, "Lights Out on the Bowery," http://online.wsj.com/article/SB1000142405311190352020457648197381228 3848.html.

★6 Harold Hotelling, "Stability in Competition," *Economic Journal* 39 (1929): 41-57.

★7 カーボンブラックの市場に関する説明は以下を参照。H. Allen Anderson, "Carbon Black Industry," *Handbook of Texas Online*, http://www.tshaonline.org/handbook/online/articles/doc01.

★8 ワイン産業に関するデータは以下を参照。US Department of the Treasury statistics. 以下にて入手可能。http://www.ttb.gov/statistics/2009_wine_calendar_year.pdf.

★9 絨毯産業については以下をはじめ、多くの資料を参考にした。Randall L. Patton, "A History of the U.S. Carpet Industry," EH.net encyclopedia, February 4, 2010, http://eh.net/encyclopedia/article/patton.carpet.

★10 デトロイトの産業の歴史は以下を参照。Mike Brewster, "Billy Durant: Greasing Detroit's Wheels," *Bloomberg Businessweek*, April 26, 2004, http://www.businessweek.com/stories/2004-04-26/billy-durant-greasing-detroits-wheels; Edward Glaeser, "Can Detroit Find the Road Forward?" *New York Times* Econimix blog, February 22, 2011, http://economix.blogs.nytimes.com/2011/02/22/can-detroit-find-the-road-forward/.

★11 Muriel Niederle and Alvin E. Roth, "Unraveling Reduces Mobility in a Labor Market: Gastroenterology with and without a Centralized Match," *Journal of Political Economy* 111 (2003): 1342-1352.

★12 Christopher Avery, Christine Jolls, Richard A. Posner, and Alvin E. Roth, "The New Market for Federal Judicial Law Clerks," *University of Chicago Law Review* 74 (2007): 447-486.

第５章　ステレオタイプ――統計的差別

★１　"Fact Sheet: Racial Profiling" (Washington, DC: US Department of Justice, June 17, 2003). 以下にて入手可能。http://www.justice.gov/opa/pr/2003/June/racial_profiling_fact_sheet.pdf.

★２　http://www.eeoc.gov/facts/qanda.html.

★３　ここから取り上げる学術研究は登場順に以下のとおり。

Joseph G. Altonji and Charles R. Pierret, "Employer Learning and Statistical Discrimination," *Quarterly Journal of Economics* 116 (2001): 313-350.

Ian Ayres and Peter Siegelman, "Race and Gender Discrimination in Bargaining for a New Car," *American Economic Review* 85 (1995): 304-321.

John A. List, "The Nature and Extent of Discrimination in the Marketplace: Evidence from the Field," *Quarterly Journal of Economics* 119 (2004): 49-89.

Asaf Zussman, "Ethnic Discrimination: Evidence from the Israeli Online Market for Used Cars," *Economic Journal.*（近刊予定）

Jennifer L. Doleac and Luke C. D. Stein, "The Visible Hand: Race and Online Market Outcomes," working paper, Stanford University, 2010.

第６章　大きな魚か大きな池か――厚い市場と薄い市場

★１　Hoyt Bleakley and Jeffrey Lin, "Thick-Market Effects and Churning in the Labor Market: Evidence from U.S. Cities," *Journal of Urban Economics* 72 (2012): 87-103.

★２　同性愛者の居住地に関する研究は以下を参照。Dan A. Black, Seth G. Sanders, and Lowell J. Taylor, "The Economics of Lesbian and Gay Families," *Journal of Economic Perspectives* 21 (2007): 53-70.

★３　Luis Garicano and Thomas N. Hubbard, "Specialization, Firms, and Markets: The Division of Labor within and between Law Firms,"

374.

★2　韓国のウェブサイトのバーチャルなバラに関する分析は以下を参照。Soohyung Lee, Muriel Niederle, Hye-Rim Kim, and Woo-Keum Kim, "Propose with a Rose? Signaling in Internet Dating Markets," working paper, Stanford University, 2011.

★3　"Long Way Home," *New Yorker*, April 1, 2013.

★4　Peter Coles, John Cawley, Philip B. Levine, Muriel Niederle, Alvin E. Roth, and John J. Siegfried, "The Job Market for New Economists: A Market Design Perspective," *Journal of Economic Perspectives* 24, no. 4 (Fall 2010): 187-206.

★5　シカゴ大学の出願プロセスに関するコメントは以下より引用。Scott Jaschik, "Chicago Students Rally to Be Uncommon," *Inside HigherEd*, December 1, 2006.

★6　Christopher Avery and Jonathan Levin, "Early Admissions at Selective Colleges," *American Economic Review* 100 (December 2010): 2125-2156.

★7　http://www.youtube.com/watch?v=l53sHBekvOY&feature=plcp&context=C4a4a708VDvjVQa1PpcFOvBO0oB_pE5B2DTkTDZbbPJ1G8qbaWgKM%3D.

★8　高校中退者と卒業者の報酬データは以下を参照。US Census Bureau, reported in *The High Cost of High School Dropouts*, (Washington, DC: Alliance for Excellent Education, 2007).

★9　GEDの取得コストは以下を参照。Stephen V. Cameron and James J. Heckman, "The Nonequivalence of High School Equivalents," *Journal of Labor Economics* 11 (1993): 1-47.

★10　John H. Tyler, Richard J. Murnane, and John B. Willett, "Estimating the Labor Market Signaling Value of the GED," *Quarterly Journal of Economics* 115 (2000): 431-468.

★11　Evan Osnos, "The Love Business," *New Yorker*, May 14, 2012.

★12　リンクトインのIPOに関する記事は登場順に以下のとおり。Joe Nocera, "Was LinkedIn Scammed?" *New York Times*, May 20, 2011; Andrew Ross Sorkin, "Why LinkedIn's Price May Have Been Right," *New York Times*, May 23, 2011.

in Online Dating Profiles," *CHI 2007 Proceedings* (2007): 449-452; Christian Rudder, "The Big Lies People Tell in Online Dating," OKCupid blog, July 10, 2010, http://blog.okcupid.com/index.php/the-biggest-lies-in-online-dating/.

★4 Christopher Snyder and Owen Zidar, "Resume Padding by Economists," working paper, Dartmouth College, 2011.

★5 Jonathan Zinman and Eric Zitzewitz, "Wintertime for Deceptive Advertising?" working paper, Dartmouth College, 2012.

★6 企業幹部および証券アナリストのチープトークに関する研究を登場順に列記する。
Jeremy C. Stein, "Efficient Capital Markets, Inefficient Firms: A Model of Myopic Corporate Behavior," *Quarterly Journal of Economics* 104 (1989): 655-669; Harrison Hong and Jeffrey D. Kubik, "Analyzing the Analysts: Career Concerns and Biased Earnings Forecasts," *Journal of Finance* 58 (2003): 313-351; and Hsiou-wei Lin and Maureen F. McNichols, "Underwriting Relationship, Analysts' Earnings Forecasts, and Investment Recommendations," *Journal of Accounting and Economic* 25 (February 1998): 101-127.

★7 Jeremy C. Stein, "Cheap Talk and the Fed: A Theory of Imprecise Policy Announcements," *American Economic Review* 79 (1989): 32-42.

★8 Joseph Harrington, "The Revelation of Information through the Electoral Process: An Exploratory Analysis," *Economics and Politics 4* (1992): 255-276.

第3章　フェイスブック効果——ネットワーク外部性

★1 "Congestion Charge Cuts Jams," *BBC News*, June 6, 2003, http://news.bbc.co.uk/2/hi/uk_news /2967852.stm.

第4章　言葉を行動で証明する——シグナリング

★1 以下がシグナリングに関する最初の研究である。Michael Spence, "Job Market Signaling," *Quarterly Journal of Economics* 87 (1973): 355-

原注

第1章　手を打つべきタイミングを見きわめる――サーチ理論

★1　"Looking for Someone," *New Yorker*, July 4, 2011.
★2　以下より引用。Evan Osnos, "The Love Business," *New Yorker*, May 14, 2012.
★3　Lori Gottlieb, "Marry Him!" *The Atlantic*, March 2008, Lori Gottlieb, *Marry Him: The Case for Settling for Mr. Good Enough* (New York: Dutton, 2010).
★4　以下のウェブサイトの "jh40" のコメント。http://www.theatlantic.com/magazine/archive/2008/03/marry-him/6651/#.
★5　nobelprize.org.
★6　Alan Sorensen, "Equilibrium Price Dispersion in Retail Markets for Prescription Drugs," *Journal of Political Economy* 108 (August 2000): 833-850.
★7　Mark Aguiar and Erik Hurst, "Life-Cycle Prices and Production," *American Economic Review* 97, no. 5 (December 2007): 1533-1559.

第2章　予防線、ごまかし、そして明らかなウソ――チープトーク

★1　協力ゲーム理論の説明は以下を参照。Thomas C. Schelling, *The Strategy of Conflict* (Cambridge, MA: Harvard University Press, 1981).
★2　チープトークに関する一般的な説明は以下を参照。Joseph Farrell and Matthew Rabin, "Cheap Talk," *Journal of Economics Perspectives* 10 (1996): 103-118.
★3　デートサイトでのウソに関する研究は以下を参照。Jeffrey T. Hancock, Catalina Toma, and Nicole Ellison, "The Truth About Lying

【マ行】
マーネイン、リチャード　96
マイスペース　58
マクニコラス、モーリン　45
マス、アレックス　183–184
マッチ・ドットコム
　——と市場規模の重要性　51–52,127–129
　——と先行者利益　55
　——とチープトーク　30,34–35
　——のネットワーク　55–56,62–63,70
魅力
　異性から見た——　82
　外見的——と収入との関係　193–197
　デートサイトにおける外見的——の重要性　189–195
ムーア、ヘンリー　177
無過失離婚　225–227
モーテンセン、デール　21
『モダン・ファミリー』　232
モラルハザード　162–163
モレッティ、エンリコ　183–184
モンスター・ドットコム　62–63,88

【ラ行】
ラジアー、エドワード　164
ラメイ、ゲイリー　230
ラメイ、バレリー　230
リー、スヒュン　192
リスト、ジョン　120–121
履歴書
　サイトに——を登録する際のネットワーク外部性　62–63
　——とシグナリング　83–84,88
　——の事実と異なる説明を抑制する仕組み　37
リン、ジェフリー　131
リン、シュウ・ウェイ　45
リンクトイン　39,52,102–103,209
レビン、ジョナサン　93
ロス、アルビン・E　144,146

【ワ行】
ワイン製造　139–140

【ナ行】
ニカーソン、ジャック　182
ネットワーク外部性　51-73
　ウェブサイトの――　62-64
　経済学における需要と――　53
　混雑の外部性　65-69
　正の外部性　70-72
　製品の需要と――56-57
　先行者利益と――　55-56
　――のおさらい　72-73
　――のプラス面　70-72
　標準化と――　60-61
　フェイスブックの支配的地位と――55,57-58
　複数デートサイトの利用と――　61
　負の外部性　69-70
　ユーザー数の多いサイトの価値と――　51-52
能力への報酬　189-210
　外見的魅力と収入との関係　193-197
　教育と失業との関係　198-199
　教育と収入との関係　198-202
　雇用市場とコネ　208-209
　デート市場における外見的魅力と収入の効用　192-193
　デート市場における外見的魅力の重要性　189-192
　デート市場における収入の重要性　191-192
　――と時間経過　203-204
　――のおさらい　210
　兵役が雇用にもたらす影響　206-207
　メディアとスーパースター　205
ノチェラ、ジョー　102

【ハ行】
ハースト、エリック　26-27
ハバード、トーマス　134
ハマーメッシュ、ダニエル　193-195
ハミルトン、バートン　182
ハリントン、ジョセフ　47
ハンコック、ジェフリー　32
判事助手の市場　146
『ビーバーちゃん』　211-214,216-219,232
ピエレット、チャールズ　119
ピサリデス、クリストファー　21
ヒッチュ、ギュンター　189-191
ビドル、ジェフ　194
フェアバンク、リチャード　159
フェイスブック
　――効果　55-57
　――と誕生祝いの逆シグナル　91-92
　――の需要が需要を生む効果　57
　――のネットワーク外部性　62-64
フォーク、アーミン　183
不完全就業　198
負の同類交配　175,182,184
ブリークリー、ホイト　131
プロフィール・インフレーション　35
米国司法省　114
ペッツ・ドットコム　56
ヘリコプター・ペアレント　230
ホータ―チュ、アリ　189
ポームガーテン、ニック　11,12
保証制度　100
ホテリング、ハロルド　137-138
ホン、ハリソン　45

スタイン、ルーク　123
スティーブンソン、ベッツィ　226-227
ストラットン、レスリー・S　220
スペンス、マイケル　76,78
正の同類交配（正の同類マッチング）　169-188
　企業規模と賃金との関係　177-180
　経済的階層と――　175-176,187
　生徒のコース分けと――　185-187
　――のおさらい　188
　チームの生産性と――　181-185
　同類婚の教育水準と収入との関係　174-175
生命保険　156-157
セーフライト・オートガラス　163-165
セダリス、デビッド　80
選挙運動　47
先行者利益　55-56
専門化→「厚い市場と薄い市場」を参照
ソーキン、アンドリュー・ロス　103
ソーシャルネット・ドットコム　52-53
ソーシャルネットワークサービス　57-58,61
卒業証書効果　200
ソレンセン、アラン　24-25

【タ行】
タイガーマザー　230
タイラー、ジョン　96
食べ放題レストランとモラルハザード　162
チープトーク　29-49
　FRB議長の――　46
　株式アナリストの――　45-46
　虚偽広告の――　43
　ゲーム番組の――　40-42
　ゲーム理論の支配戦略　41
　CEOの――　44
　事実と異なる説明を制御する仕組み　37-38
　正直さと――　30-31
　政治家の――　47-48
　――のおさらい　49
中古車販売の研究　122
『デイリーショー』　197
統計的差別　105-125
　学歴による――　119
　関連づけと――　107
　経済効率性と――　113
　公平に見える――　112
　雇用市場における違法な――　114-116
　差別的影響と――　115-116
　情報不足による――　108
　性別による――　112-114
　性別による――をなくす報酬制度　118-119
　男女の賃金格差と――　117-119
　ディーラーが顧客と交渉する際の――　120-121
　――がもたらすダメージ　109-111
　――がモノの値段に与える影響　120-124
　――のおさらい　124-125
同性カップル　64,228-229
同類婚　173-175
トマ、カタリーナ　32
ドレアク、ジェニファー　123

由　180–181
混雑の外部性　65–69

【サ行】
サーチ活動に伴う摩擦　22
サーチコスト
医薬品市場における――　24–25
行動と――　12–13,26–27
市場における――　22–23
サーチ理論　7–28
家探しとパートナー探しとの共通点　20
逆淘汰と――　13
――と効用の最大化　8–10
――のおさらい　28
探し続けることのコストとメリット　13
職探しとパートナー探しとの共通点　21–22
年齢と探し続けることのコスト　25–27
ザスマン、アサフ　122
差別的影響　115
ジーゲルマン、ピーター　120–121
Jデート　61,238–239
シグナリング（シグナル）　75–104
オンラインデート・サイトにおける――　75–76,81
逆シグナルとしての共通願書制度（コモンアップ）　90
逆シグナルとしてのフェイスブックでの誕生祝い　91–92
区別と――　78
高校卒業程度認定資格（GED）と――　94–96
コストがかかる――　77–78
雇用市場における――　78–79,83–89
財力を示す――　97–99
――としての教育　78–80
――としての受験料　89–90,95
――による広告の正統化　99–100
――のおさらい　104
――の効果　81–82
――の戦略的使用　85–86
新規株式公開（IPO）の――戦略　101–102
大学の早期出願と――　92–93
保証制度における――　100
嗜好にもとづく差別　107,120–124
ジツェウィッツ、エリック　43
実証経済学　235
司法省　114
囚人のジレンマ　40,231
絨毯製造　140–142
収入（所得）
オンラインデートと――　191–192
外見的魅力と――との関係　193–197
教育と――との関係　199–202
受験料　89
需要が需要を生む効果　54–55,70
需要が需要を減じる効果　65
承諾期限付き内定　143,145
ショッピングモール　64
ジンガ　103
新規株式公開（IPO）　100–102
人種的プロファイリング　111–112,114
ジンマン、ジョナサン　43
スタイン、ジェレミー　44,46

インセンティブ報酬による――の緩和　163–165
エージェンシー問題と――　162–163
――のまとめ　166–167
クレジットカード会社のローン借り換えと――　159–161
顧客に対する――　155–161
雇用市場と――　153–155
サーチ理論と――　13
保険料と――　156–157
ボルボと――　165–166
モラルハザードと――　162–166
キャピタル・ワン　160
キャロドナー、リズ　52
キュービック、ジェフリー　45
教育
――水準と採用　119
――水準と収入　199–202
――水準と同類婚　173–174
――と失業　198–199
――と正の同類交配　186
――と有能であることのシグナル　78–80
競争　135–137
共通願書制度（コモンアップ）　90–91
共通選好モデル　220,222
協力ゲーム理論　31–32
グーグル　22–23,87–88
グーグルプラス　57,62
区別　78
クラスのレベル分け　185–186
グラノヴェェッター、マーク　208
クランドル、ボブ　158
クレジットカードのローンの借り換え　159–161
QWERTY キーボード　59
ゲーム理論　30–31,41 →「チープトーク」も参照
――の支配戦略　41
高校卒業程度認定資格（GED）　94–96
広告　43,99
高速道路の渋滞　65,69
効用
オンラインデートと――　193
家族の――を最大化する意思決定　219–220
幸福と――　8–9,193
個人の意思決定が他人の――に与える影響　66–68
手を打つべきタイミングと――　16–19
母親の――と子供の幸福　223–224
『ゴールデンボールズ』　40–42
顧客
――が製品を選ぶ際の逆淘汰　155–156
――の行動と隠された情報　158,162,165–166
ゴットリーブ、ロリ　17–18
雇用機会均等委員会（EEOC）　114–115
雇用市場（労働市場）
企業規模と賃金との関係　177–180
――とコネ　208–209
――における厚い市場と薄い市場　130–132
――における逆淘汰　153–155
能力の高い労働者が大企業に多い理

33,236
——市場のスーパースター 206
——で効用を最大化する意思決定 9-10,16-19
——で財力を示すシグナル 97-98
——で正直であるべきか、欲しいものを手に入れるか 29-32
——で手を打つべきタイミング 10-11,14-19
——とインターネット上のサーチコスト 22-23
——と外見的魅力 189-192
——と効用 193
——とサーチコスト 12-13
——とシグナリング 75-76,80
——と収入 191-192
——と正の同類交配 171
——における厚い市場 128
——における市場規模の重要性 127-129
——の厚い市場と競争効果 138-139
——のウソを抑制する手段 38-39
——のネットワーク外部性 63-64
——のプロフィール・インフレーション 35

【カ行】

カード、デイビッド 203
カーボンブラック 139-141
外部性のプラス面 70-72
隠された情報
顧客の行動と—— 158-162,165
市場におけるマイナスイメージと—— 149-150,152-155
取引における—— 151-152
家族（家庭内のリソースをめぐる交渉） 211-233
——内の所得配分と支出との関係 221-224
——における交渉と外部の選択肢 224-225
——における効用の最大化 219-221,223-224,230-231
——のおさらい 232-233
経済的変化と—— 212-214
子供をもたないことのコストとメリット 216-217
子供をもつことのコストとメリット 229-230
社会的変化と人口動態トレンド—— 215
女性が働くことのコストとメリット 215-216
シングルマザーの経済状況 218
1950年代の—— 211-212,219
先進諸国の典型的な——形態の変化 230-231
伝統的な——モデルの変化 219-220
同性カップルの経済状況 228-229
無過失離婚が夫婦にもたらす影響 225-227
カッツ、ローレンス 154-155
ガリカノ、ルイ 134
期待効用を最大化する意思決定 9-10
技能偏向的技術進歩 203-204
規範経済学 236
ギボンズ、ロバート 154-155
逆淘汰 149-167

索　引

【ア行】
アイレス、イアン　120–121
アカロフ、ジョージ　151
アグイアー、マーク　26–27
厚い市場と薄い市場　127–148
　厚い市場効果　130
　——のおさらい　147
　厚い市場と専門化　132–135
　競争を緩和する集団行動　142–145
　雇用市場の規模と——　130–132
　市場の厚みと企業の立地選択　139–142
　市場の厚みと競争　137–139
　消費者の市場規模と——　127–129
　人口密度と専門化との関係　133–134
　デートサイトにおける——　130,238
　判事助手の市場と——　146–147
　店を開くべき場所と——　137–138
アリエリー、ダン　189
アルトンジ、ジョセフ　119
イーガン、ジェニファー　149
イーハーモニー　4,53,61–62
イーベイ
　——のウソを制御する仕組み　37–39
　——の取引とデートサイトの類似性　4
　——のネットワーク外部性　62–63
イチノ、アンドレア　183
医療保険　157
インセンティブ報酬　163–164
　——と逆淘汰の緩和　163–165
ウィレット、ジョン　96
ウェブバン　56
ウソ→「チープトーク」も参照
　——とプロフィール・インフレーション　35
　——に歯止めをかける要素　39
　オンラインデート・サイトにおける——　32–33,236
ウルファーズ、ジャスティン　226
エイエアパス　158
エイブリー、クリス 93
エリソン、ニコル　32
オーケーキューピッド　4,8,33,60–62,108,190,206
大野由香子　135
大湾秀雄　182
オンラインデート
　インターネット上の取引と——との共通点　4–5
　選り好みと忍耐強さとの関係　15–16
　——サイトに蔓延するウソ　32–

ポール・オイヤー（Paul Oyer）
スタンフォード大学経営大学院教授。全米経済研究所（NBER）の研究員、「労働経済学ジャーナル（*Journal of Labor Economics*）」の編集長も務める。イエール大学でMBA、プリンストン大学で経済学博士号を取得。専門は組織と人材の問題を中心とする労働経済学で、近年の研究では企業のインセンティブプランの活用（ストックオプションなど）、解雇に関する法的制約の強化を受けた企業の対応といったテーマを取りあげている。共著書に『道端の経営学——戦略は弱者に学べ』（ヴィレッジブックス）がある。カリフォルニア州スタンフォード在住。

［訳者］
土方奈美（ひじかた・なみ）
翻訳家。日本経済新聞社で「日本経済新聞」「日経ビジネス」などの記者を務めたのち、モントレー国際大学院で修士号（翻訳）取得。米国公認会計士、ファイナンシャル・プランナー。訳書にテット『サイロ・エフェクト——高度専門化社会の罠』（文藝春秋）、シュミット他『How Google Works——私たちの働き方とマネジメント』（日本経済新聞出版社）などがある。

［解説者］
安藤至大（あんどう・むねとも）
日本大学准教授。専門は契約理論、労働経済学、法と経済学。東京大学博士課程修了後、政策研究大学院大学などを経て現職。著書に『これだけは知っておきたい働き方の教科書』（筑摩書房）等。経済学番組「オイコノミア」（NHK Eテレ）の講師としても活躍。

オンラインデートで学ぶ経済学

2016年7月7日　初版第1刷発行

著　者　ポール・オイヤー
訳　者　土方奈美
解説者　安藤至大

発行者　長谷部敏治

発行所　NTT出版株式会社
〒141-8654 東京都品川区上大崎3-1-1 JR東急目黒ビル
営業担当　TEL 03(5434)1010　FAX 03(5434)1008
編集担当　TEL 03(5434)1001
http://www.nttpub.co.jp/

装　幀　松田行正

印刷・製本　中央精版印刷株式会社

ISBN 978-4-7571-2354-0　C0030